Guttentag'sche Sammlung
№ 40. Deutscher Reichsgesetze. № 40.
Text-Ausgaben mit Anmerkungen.

Gesetz

betreffend die

Pflichten der Kaufleute bei Aufbewahrung fremder Werthpapiere.

Vom 5. Juli 1896.

Text-Ausgabe mit Erläuterungen, Einleitung und Sachregister

bearbeitet von

F. Lusensky,
Geheimem Regierungsrath und vortragendem Rath im Ministerium
für Handel und Gewerbe.

Berlin SW.48.
Wilhelmstr. 119/120.
J. Guttentag, Verlagsbuchhandlung.
1896.

Vorwort.

Das sogenannte Depotgesetz ist nicht nur für das Geschäftsgebahren der Bankiers, sondern auch für das mit den Banken — durch Hinterlegung von Werthpapieren oder Ertheilung von Kommissionen — in Verbindung tretende Publikum von Wichtigkeit. Daher ist es für einen großen Kreis von Personen werthvoll, über die Auslegung und Tragweite der Bestimmungen dieses Gesetzes unterrichtet zu sein: ein Ziel, das in Folge der Schwierigkeit des Gegenstandes für Viele nicht ohne Weiteres zu erreichen ist.

Auf Ersuchen der Verlagsbuchhandlung hat sich deshalb der Verfasser dieses Büchleins, der an der Entstehung des Gesetzes von seiner ersten Ausarbeitung bis zu seiner Fertigstellung im Reichstage fortdauernd Antheil gehabt hat, entschlossen, das Gesetz mit erläuternden Bemerkungen und unter Vorausschickung einer historischen und systematischen Einleitung herauszugeben. Zur Erleichterung der Benutzung des Kommentars ist ein alphabetisch geordnetes Sachregister angeschlossen.

Um Irrungen zu vermeiden, sei noch bemerkt, daß die zu den verschiedenen zweifelhaften Fragen gemachten Ausführungen lediglich die private Auffassung des Verfassers darstellen.

F. Lusensky.

Inhalt.

I.

Einleitung.

1. Geschichte des Depotgesetzes.

Als im Herbst des Jahres 1891 eine Anzahl theilweise bedeutender inländischer Bankhäuser in rascher Aufeinanderfolge zusammenbrach und dabei umfangreiche Depotveruntreuungen aufgedeckt wurden, ging eine starke Bewegung durchs Land, die zunächst größere Sicherung des Publikums gegen unredliches Verhalten von Bankiers anstrebte, im Weiteren aber auch die Verhältnisse der deutschen Börsen in ihren Kreis zog. Der Geschäftsbetrieb an den Börsen war schon seit Jahren der Gegenstand von Angriffen geworden, die sich namentlich gegen wirkliche und vermeintliche Mißstände im Terminhandel, insbesondere seine Ausartung zum Differenzspiel, und gegen den ungenügenden Schutz des Publikums bei der Zulassung von Werthen, namentlich ausländischen Werthen, zum Börsenhandel richteten. Als sich bei jenen Bankbrüchen herausstellte, daß an ihnen und den dadurch dem Publikum erwachsenen Verlusten Börsenspekulationen der falliten Bankhäuser einen nicht geringen Antheil hatten, erhielt das Verlangen nach einer Börsenreform eine neue, kräftige Anregung.

Getragen von dieser Bewegung leiteten die verbündeten Regierungen eine doppelte Aktion ein. Um die für eine gesetzliche Regelung des Börsenwesens nothwendigen Unterlagen zu gewinnen, wurde im Februar 1892 durch den Reichskanzler eine Kommission berufen, die aus Beamten der betheiligten Bundesregierungen sowie aus Vertretern der Wissenschaft und der unmittelbar und mittelbar am Börsenhandel betheiligten Kreise zusammengesetzt war. Der Bericht dieser sogenannten Börsenenquêtekommission, der das Ergebniß einer anderthalbjährigen Thätigkeit darstellt, bildete die Grundlage für den dem Reichstage am 3. Dezember 1895 vorgelegten Entwurf eines Börsengesetzes*), der demnächst mit den vom Reichstage beschlossenen Aenderungen Gesetz geworden ist (Börsen-Gesetz vom 22. Juni 1896 — R.G.Bl. S. 157).

Daneben wurde das kaufmännische Depotgeschäft zum Gegenstand besonderer Regelung gemacht. Ein entsprechender Gesetzentwurf ist im Preußischen Ministerium für Handel und Gewerbe ausgearbeitet und unter Mitwirkung von Vertretern der sonst betheiligten Preußischen und Reichsverwaltungen im Frühjahr 1892 fertig gestellt worden, nachdem die Grundsätze und Bestimmungen des Entwurfs zuvor

*) Drucksachen des Reichstags, 9. Legislatur-Periode, IV. Session 1895/97, Nr. 14.

einer Erörterung durch Sachverständige unterzogen worden waren*). Dem Reichstage ist der im Bundesrathe in einzelnen Punkten geänderte Entwurf unter der Benennung „Entwurf eines Gesetzes, betreffend die Pflichten der Kaufleute bei Aufbewahrung fremder Werthpapiere" am 3. Dezember 1895, zugleich mit dem Entwurfe des Börsengesetzes, vorgelegt worden.**) Maßgebend für diesen Aufschub war die Erwägung, daß es bei dem inneren Zusammenhange zwischen der allgemeinen Regelung der Börsenverhältnisse und der Ordnung des kaufmännischen Depotwesens nicht rathsam sei, den einen dieser Gegenstände ohne Rücksicht auf den andern zum Abschluß zu bringen (Begründung S. 64).***)

Die erste Lesung des Entwurfs des sogenannten Depotgesetzes im Reichstage fand in Verbindung mit der ersten Berathung des Börsengesetzentwurfs am am 9., 10. und 11. Januar 1896 statt. Beide Vorlagen wurden der aus 21 Mitgliedern bestehenden IX. Kommission überwiesen, deren Bericht über das

---

*) Die Vernehmung der Sachverständigen — Geheimer Kommerzienrath Frentzel-Berlin, Stadtrath Metzler-Frankfurt a. M., Direktor des Schaaffhausener Bankvereins Königs-Cöln, Direktor der Bank für Handel und Industrie Dr. Riesser-Berlin, Bankier M. Richter-Berlin (in Firma Emil Ebeling) — hat am 8., 9. und 10. Februar 1892 unter Leitung des Ministers für Handel und Gewerbe, Freiherrn von Berlepsch, stattgefunden.

**) Vergl. die auf S. 2 erwähnte Drucksache 14 des Reichstags.

***) Wo im Nachfolgenden die „Begründung" angezogen wird, ist darunter die Begründung des Entwurfs des Gesetzes, betreffend die Pflichten der Kaufleute bei Aufbewahrung fremder Werthpapiere zu verstehen.

Depotgesetz am 12. Mai 1896 erstattet wurde.*) Die zweite und dritte Berathung des Entwurfs fanden in der Sitzung des Reichstags vom 17. Juni 1896 statt, wobei das Gesetz in der von der Kommission beschlossenen Fassung fast debattelos und, wie es den Anschein hatte, einstimmig angenommen wurde.

Unter dem 5. Juli 1896 vollzogen, ist es in der am 16. Juli 1896 ausgegebenen Nr. 19 des Reichsgesetzblatts (R.G.Bl. S. 183) veröffentlicht worden. Dabei sind einige Versehen vorgekommen, die alsdann in der am 23. Juli 1896 ausgegebenen Nr. 20 des Reichsgesetzblatts (R.G.Bl. S. 194) berichtigt worden sind.

Nachstehend ist der berichtigte Gesetzestext abgedruckt.

2. Die Formen des Depotgeschäfts und ihre rechtliche Natur.

Unter der Gruppe Bankdepotgeschäfte**) werden verschiedene, hauptsächlich im Bankverkehr übliche, Geschäfte zusammengefaßt. Ihre einfachste Form ist der Verwahrungsvertrag, der vorliegt, wenn Werthpapiere zur Aufbewahrung übergeben werden. Mit der Hingabe von Werthpapieren zur Verwahrung ist häufig der Auftrag zur Verwaltung (Abhebung von

---

*) Drucksache Nr. 342 des Reichstags. 9. Legislatur-Periode. IV. Session 1895/97. Berichterstatter war der Abgeordnete Müller (Fulda).

**) Vergl. Begründung S. 68, 69 (Formen des Depotgeschäfts).

Zinsen, Dividenden, neuen Zinsscheinen und ähnlichen Geschäften) verbunden.

Ferner werden Werthpapiere im Bankverkehr für bereits bestehende oder gleichzeitig entstehende Forderungen als Pfand gegeben. Die Hingabe der Papiere kann auch mit der Bestimmung erfolgen, daß sie für künftig entstehende Forderungen haften sollen. Alsdann entsteht an ihnen ein Pfandrecht, sobald der Bankier an den Hinterleger eine Forderung erwirbt, zu deren Deckung das Depot bestimmt ist. Auch in Betreff verpfändeter Werthpapiere kann der Bankier die Verwaltung übernehmen.

Depots kommen weiter in Verbindung mit Kommissionsgeschäften vor, sei es, daß der Kunde dem Bankier Werthpapiere zum Zwecke der Veräußerung übergiebt (Verkaufskommission), sei es, daß er für den Kunden Werthpapiere anschafft (Einkaufskommission) und in Verwahrung nimmt. Als eine Vereinigung dieser beiden Geschäfte kann es gelten, wenn der Bankier mit dem Umtausche von Werthpapieren oder der Ausübung eines Bezugsrechts beauftragt wird.

Ueber die rechtliche Natur dieser Depotgeschäfte ist Folgendes zu bemerken.

1. Beim Verwahrungs- oder Hinterlegungsvertrag übergiebt der Hinterleger eine bewegliche Sache einem Andern zur Aufbewahrung, zu der dieser — der Verwahrer — sich verpflichtet. Der Hinterleger bleibt

Eigenthümer*) der Sache, die er jeder Zeit zurückverlangen kann, und trägt als solcher die Gefahr ihres Untergangs oder ihrer Verschlechterung, insoweit nicht ein vom Verwahrer vertretbares Verschulden vorliegt. Geräth der Verwahrer in Konkurs, so kann der Hinterleger fordern, daß die in Verwahrung gegebene Sache aus der Konkursmasse ausgesondert und ihm ausgehändigt werde, ohne daß er sich am Konkursverfahren betheilige.

Bei der Hinterlegung sogenannter vertretbarer Sachen, bei denen es nicht auf eine bestimmte Individualität, sondern auf die Gattung**) ankommt, hat der Hinterleger oft kein Interesse daran, dieselben Sachen, die er in Verwahrung gegeben hat, sondern es genügt ihm, die gleiche Menge gleichartiger Sachen zurückzuerhalten. Wenn bei der Hinterlegung vertretbarer Sachen, zu denen die im Depotgesetze behandelten Werthpapiere zu zählen sind, abgemacht wird, daß nur gleichartige Sachen zurückzugewähren sind, so pflegt man von einem irregulären Depot (depositum irregulare) zu sprechen. Solche Abmachung hat zur Folge, daß der Empfänger der hinterlegten Sachen deren Eigenthümer wird und als solcher die Gefahr ihres Untergangs oder ihrer Verschlechterung

*) Sofern er bei der Begründung des Vertrags Eigenthümer war. Der Fall der Hinterlegung einer fremden Sache ist nicht weiter berücksichtigt, um die Deutlichkeit nicht zu beeinträchtigen.

**) Im Bürgerlichen Gesetzbuch vom 18. August 1896 sind vertretbare Sachen definirt als „bewegliche Sachen, die im Verkehre nach Zahl, Maß oder Gewicht bestimmt zu werden pflegen". (§ 91 a. a. O.)

trägt, während der Hinterleger auf ein Forderungsrecht auf Leistung der gleichen Menge von Sachen gleicher Art beschränkt ist. Beim Konkurs des Verwahrers kann er diesen Anspruch lediglich als Konkursforderung geltend machen.

2. Beim Pfandvertrage über bewegliche Sachen — nur dieser kommt hier in Frage — wird dem Pfandgläubiger zur Sicherung einer Forderung vom Verpfänder eine bewegliche Sache übergeben, aus der er nöthigen Falls Befriedigung suchen kann. Der Pfandgläubiger hat das Pfand zu verwahren. Bei Nichtbefriedigung der Forderung, zu deren Sicherung es bestellt ist, darf er den Verkauf des Pfandes herbeiführen. Ist seine Forderung dagegen befriedigt oder auf andere Weise erloschen, so hat er das Pfand dem Verpfänder zurückzugeben.

Mit dem Eigenthum an den Pfandstücken verhält es sich ebenso wie beim Verwahrungsvertrage. Sofern der Verpfänder eine ihm gehörende Sache verpfändet hat, bleibt er deren Eigenthümer*) und trägt die Gefahr des Untergangs oder der Verschlechterung, insoweit den Pfandgläubiger nicht ein vertretbares Verschulden trifft. Beim Konkurs des Pfandgläubigers kann der Verpfänder die Aussonderung des Pfandes aus der Masse beanspruchen, sobald die dem Pfand zu Grunde liegende Schuld getilgt ist.

---

*) Auch hier ist der Fall nicht weiter berücksichtigt, daß eine fremde Sache als Pfand bestellt ist.

Bei der Verpfändung vertretbarer Sachen, also auch von Werthpapieren, kann ausgemacht werden, daß der Pfandgläubiger Eigenthümer werden und nur verpflichtet sein sollte — nach Erlöschen des Pfandrechts —, die gleiche Menge gleichartiger Sachen zurückzugeben.*) Alsdann trägt der Pfandgläubiger die Gefahr der Pfandstücke, wogegen bei seinem Konkurs der Verpfänder seine Ansprüche aus dem Pfandvertrage nur als Konkursgläubiger verfolgen kann.

3. Kommissionär ist Derjenige, der gewerbsmäßig in eigenem Namen für Rechnung eines Auftraggebers (Kommittenten) Handelsgeschäfte schließt (Art. 360 des H.G.B.). Der Kommissionär hat dem Kommittenten von der Ausführung des Auftrags sofort Anzeige zu erstatten (Art. 361 a. a. O.). Der Auftrag kann vom Kommissionär zunächst in der Weise ausgeführt werden, daß er das ihm aufgetragene Geschäft mit einem Dritten abschließt. Bei der Kommission zum Einkauf und Verkauf von Waaren, Wechseln und von Werthpapieren, bei denen ein Börsen- oder Marktpreis amtlich festgestellt wird, kann der Auftrag auch durch Selbsteintritt des Kommissionärs erledigt werden, indem dieser das Gut, das er einkaufen soll, selbst als Verkäufer liefert, oder das Gut, das er zu verkaufen beauftragt ist, selbst als Käufer übernimmt.

Nach den Vorschriften des H.G.B. kann der Kom-

*) Auf die juristische Konstruktion dieses Rechtsgeschäfts näher einzugehen, liegt außerhalb des Rahmens der vorliegenden Aufgabe.

mittent, dem die Ausführungsanzeige zugeht, darüber im Zweifel gelassen werden, ob die Ausführung des Auftrags durch Abschluß mit einem Dritten oder durch Selbsteintritt des Kommissionärs erfolgt sei. Hierin tritt mit dem Inkrafttreten des Börsengesetzes (dem 1. Januar 1897) eine Aenderung ein, indem nach § 74 daselbst, wenn der Kommissionär bei der Anzeige von der Ausführung des Auftrags nicht ausdrücklich erklärt, daß er selbst eintrete, dies als Erklärung gilt, daß die Ausführung durch Abschluß des Geschäfts mit einem Dritten für Rechnung des Kommittenten erfolgt sei.

Die den Bankiers ertheilten Kommissionen beziehen sich meist auf den Ein- oder Verkauf von Werthpapieren, also auf Fälle, in denen der Selbsteintritt gesetzlich zulässig zu sein pflegt. Außerdem kommen für das Depotgesetz noch Kommissionen zum Umtausch von Werthpapieren oder zur Geltendmachung von Bezugsrechten in Frage, bei denen der Selbsteintritt des Kommissionärs nicht angängig ist.

Bei Kommissionen zum Einkauf oder zum Verkauf von Werthpapieren wird der Kommissionär entweder beauftragt, „bestens" abzuschließen, oder es wird ein Limito gesetzt, d. h. bei Aufträgen zum Einkauf ein Höchstpreis bestimmt, der nicht überschritten werden darf, bei Verkaufsaufträgen ein Mindestpreis, unter dem nicht abzugeben ist.

Bei der Verkaufskommission bleibt der Kommittent so lange Eigenthümer der dem Bankier zur

Veräußerung übersandten Werthpapiere, bis dieser entweder als Selbstkäufer eintritt oder dem Käufer, mit dem er abgeschlossen hat, das Eigenthum an den Papieren überträgt. Abgesehen von den nicht zahlreichen Fällen, in denen der Auftrag in Folge Limitirung des Verkaufspreises längere Zeit nicht ausgeführt werden kann, kommt die Verkaufskommission regelmäßig in so kurzer Frist zur Erledigung, daß eine Verwahrung der Papiere meist nicht in Frage kommt.

Bei der Einkaufskommission ist der Kommissionär, wenn er als Selbstkontrahent eintritt, Eigenthümer der zu liefernden Papiere oder muß sich solche zu eigen verschaffen. Aber auch, wenn er mit einem Dritten abschließt, erwirbt er, da er in eigenem Namen auftritt, zunächst selbst an dem Kommissionsgut Eigenthum, das er darauf dem Kommittenten zu übertragen hat. Das geschieht entweder durch Aushändigung der Papiere oder durch sogenanntes constitutum possessorium. Der letztere Weg pflegt, wenn die Werthpapiere bei dem Kommissionär in Depot bleiben sollen, gewählt zu werden, um das körperliche Hin- und Hergeben der Papiere zu ersparen. Welche Erfordernisse zur Gültigkeit eines constitutum possessorium nothwendig sind, ist nach den in den verschiedenen Rechtsgebieten geltenden bürgerlichen Rechten zu beurtheilen. Nur einer besonderen Form bedarf es in den hier interessirenden Fällen, in denen es sich um Bankiergeschäfte, also gemäß Art. 272 Ziff. 2 des H.G.B.

um Handelsgeschäfte, handelt, im Hinblick auf Art. 317 daselbst allgemein nicht.

Nach preußischem Recht ist zur Vollziehung des constitutum possessorium die Absonderung und kenntliche Auszeichnung der Papiere (§ 47 A.L.R. I. 7) sowie die Willenserklärung des Besitzers erforderlich, die Sache nunmehr für den Kommittenten in seinem Gewahrsam zu halten (§ 71 a. a. O.). Beiden Erfordernissen wird durch die Uebersendung einer Aufbewahrungserklärung, welche ein spezialisirtes Verzeichniß der beschafften Papiere enthält, entsprochen. Das Gesetz verlangt jedoch eine derartige individuelle Bezeichnung der Stücke in der Aufbewahrungserklärung nicht unbedingt. Es genügt vielmehr die bloße, dem Kommittenten gemachte, Mittheilung, die Papiere für ihn in Verwahrung (Depot) genommen zu haben, verbunden mit der thatsächlichen Spezialisirung derselben. Diese Spezialisirung kann durch Absonderung der für den Kommittenten beschafften Papiere oder durch Bezeichnung derselben mit dem Namen des Auftraggebers oder auch durch Buchung der Nummern in dem Depotkonto des Kunden oder in sonstigen Handelsbüchern erfolgen.

Anders nach gemeinem Recht. Nach der herrschenden Auffassung genügt in dem Falle eines zum Besitzerwerbe und zur Verwahrung ertheilten Auftrages für den Uebergang des Besitzes auf den Auftraggeber durch constitutum schon die erkennbare Bethätigung des

Willens des Beauftragten, die zunächst für sich apprehendirte Sache nunmehr für den Auftraggeber zu besitzen, ohne daß es der Erklärung dieses Willens gerade dem Auftraggeber gegenüber bedarf. Demgemäß wird anerkannt, daß der Einkaufskommissionär durch Bezeichnung bestimmter Effekten mit dem Namen des Auftraggebers, durch Legung derselben in ein besonderes Behältniß, speziell auch durch einen sich auf bestimmte Stücke beziehenden Vermerk in seinen Handelsbüchern schon den Auftraggeber zum Besitzer mache.

Das preußische Landrecht und das gemeine Recht stimmen hiernach darin überein, daß nach beiden eine Spezialisirung der Papiere, deren Besitz auf den Kommittenten durch constitutum übertragen werden soll, erforderlich ist, und daß diese Spezialisirung durch Absonderung oder durch Bezeichnung mit dem Namen des Auftraggebers oder durch Buchung der Nummern in den Handelsbüchern des Kommissionärs oder durch Nummernaufgabe an den Kommittenten erfolgen kann. Während jedoch das Allgemeine Landrecht außerdem eine Aufbewahrungserklärung des Kommissionärs gegenüber dem Kommittenten fordert, bedarf es einer solchen nach gemeinem Recht nicht.*)

Ist der Kommittent durch constitutum possessorium Eigenthümer der im Depot des Kommissionärs

*) Begründung S. 70, 71.

verbliebenen Stücke geworden, so tritt er dadurch in die rechtliche Stellung eines Hinterlegers ein.

Wie bei der Hinterlegung und Verpfändung von Werthpapieren zwischen den Parteien ausgemacht sein kann, daß der Empfänger Eigenthümer derselben werden, und der Hinterleger oder Verpfänder auf einen Forderungsanspruch beschränkt sein solle, so kann auch bei der Kommission zum Einkaufe von Werthpapieren die Absicht der Parteien darauf gehen, daß der Kommissionär dem Kommittenten nicht Eigenthum an den beschafften Papieren übertragen, sondern ihm nur obligatorisch zur Leistung einer bestimmten Menge derselben verpflichtet sein solle. Die rechtlichen Folgen eines solchen Uebereinkommens äußern sich, wie beim irregulären Depot, darin, daß der Kommittent zwar keinerlei Gefahr für die ihm zu liefernden Papiere zu tragen hat, andererseits aber beim Konkurs des Kommissionärs kein Aussonderungsrecht, sondern nur einen persönlichen Anspruch als Konkursgläubiger geltend machen kann.

Aehnlich wie bei der Einkaufskommission liegt es mit den Eigenthumsverhältnissen, wenn ein Kaufmann als Kommissionär den Umtausch fremder Werthpapiere bewirkt oder mittelst derselben ein Recht zum Bezuge von Werthpapieren, insbesondere von neuen Aktien, welche von den Besitzern der alten Aktien beansprucht werden können, geltend macht. Auch bei diesen Geschäften erwirbt der Kaufmann das Eigenthum an den eingetauschten oder bezogenen Papieren zunächst für sich und muß, wenn er die Papiere in Depot behält, zu dessen Uebertragung auf den Kommittenten das constitutum possessorium vollziehen. Auch hier kann der Wille der Parteien darauf gerichtet sein, daß der Kommissionär den Eigenthumsübertragungsakt nicht vollziehen, sondern nur eine obligatorische Verbindlichkeit zur Leistung einer bestimmten Menge der in Rede stehenden Papiere übernehmen solle.

3. Die Unzulänglichkeit der bislang für das kaufmännische Depotgeschäft gültigen Vorschriften.

Bei den wichtigsten Fällen des kaufmännischen Depots, dem Verwahrungs- und Verpfändungsvertrage und der mit Indepotnahme verbundenen Einkaufs- und Umtauschkommission, können sich, wie im zweiten Abschnitte gezeigt, je nach der Absicht der Parteien die Eigenthumsverhältnisse verschieden gestalten. Es kann gewollt sein, daß die in der Verwahrung des Bankiers befindlichen Werthpapiere Eigenthum des Bankkunden seien; es kann aber auch beabsichtigt sein, daß das Eigenthum daran dem Bankier zustehen und der Bankkunde nur einen obligatorischen Anspruch auf Leistung einer bestimmten Menge nach ihrer Art bestimmter Werthpapiere haben solle. In beiden Fällen steht für den Bankkunden einem Vortheil ein Nachtheil gegenüber. Ist er der Eigenthümer des Depots, so hat er den Vortheil, von einem Konkurs des Bankiers nicht betroffen zu werden*), indem er die Aussonderung seiner Werthpapiere aus der Konkursmasse auf Grund seines Eigenthumsrechts beanspruchen kann: andererseits hat er — und darin liegt sein Nachtheil — die Gefahr zu tragen, die ohne ein vertretbares Verschulden des Bankiers für die Werthpapiere erwachsen kann (durch Feuer, bei Aufruhr, durch Einbruch, durch Veruntreuung seitens der Angestellten des Bankiers u. A. m.). Wenn der Kunde dagegen auf einen Forderungsanspruch beschränkt ist, so steht seinem Vortheile, die Gefahr der Werthpapiere nicht zu tragen, der Nachtheil gegenüber, daß er beim Konkurs des Bankiers seinen Anspruch nur als Konkursgläubiger geltend machen kann, was in der Regel große Verluste bedingt.

Es mag vorkommen, daß ein Bankkunde die Sicherheit seiner Bank für so zweifellos hält, daß ihm ihr Zusammenbruch unwahrscheinlicher dünkt als ein Verlust der Werthpapiere durch ein von der Bank nicht vertretbares Ereigniß, und daß er demzufolge mit voller Ueberlegung unter Verzicht auf Eigenthum an Werthpapieren einem obligatorischen Anspruche gegen seine Bank den Vorzug giebt. Im Allgemeinen wird das nicht die Anschauung des Publikums sein. Der Kunde, der für solche Erwägungen nicht rechtserfahren genug

*) Insoweit nämlich seine Papiere vorhanden sind. Gegen Veruntreuungen kann ihn sein Eigenthum natürlich nicht schützen.

ist, wird den Gedanken weit von sich weisen, daß die Papiere, die er dem Bankier zur Aufbewahrung giebt oder bei ihm liegen läßt, nach seinem Willen Eigenthum des Bankiers sein sollen. Und auch von den juristisch geschulten und geschäftserfahrenen Bankkunden werden viele sich von der Erwägung leiten lassen, daß erfahrungsgemäß auch angesehene und vertrauenswürdige Bankhäuser den Erschütterungen großer Krisen nicht widerstanden haben, während andererseits Verluste an Werthpapieren durch Einbruch, Feuer, Naturereignisse in Folge der ausgezeichneten Aufbewahrungseinrichtungen der Banken fast ausgeschlossen, Verluste durch Veruntreuungen des Geschäftspersonals aber selten sind und überdies noch häufig von den Banken ersetzt werden.

Wenn hiernach die Begründung regulärer Depots in der Regel der Absicht des Publikums entspricht, so ist das Interesse der Bankiers das umgekehrte. Da für sie die Abschließung irregulärer Depots, die ihnen die freie Verfügung über die Werthpapiere gestattet, eine Vermehrung ihres Betriebskapitals und dadurch die Möglichkeit der Ausdehnung ihres Geschäfts bedeutet, so kann es nicht Wunder nehmen, wenn sie vielfach bestrebt sind, die Rechtslage bei Depotverträgen über Werthpapiere so zu gestalten, daß ihnen daran Eigenthum und Verfügungsrecht zusteht.

In gewissem Umfange ist dieses Bestreben wirthschaftlich berechtigt, insbesondere, wenn der Bankier dem Kunden Vorschuß gewährt. Das Wesen des Bankgeschäfts bringt es mit sich, daß der Bankier in gleicher Weise, wie auf ausreichende Deckung seiner Ansprüche an die Kunden, auf möglichste Ausnutzung seines Betriebskapitals Bedacht nehmen muß. Kreditgewährungen, die Kapitalien des Bankiers für längere Zeit festlegen und der ferneren Verwendung in seinem Geschäftsbetriebe entziehen, sind mit dem Bankgeschäft wenig verträglich. Wenn ein Bankkunde Werthpapiere als Unterpfand für Kredite des Bankiers in der Weise hinterlegt, daß dieser darüber nicht verfügen darf, so wird der Bankier, wenn er auf einen solchen, seine Betriebskapitalien festlegenden Geschäftsverkehr überhaupt eingeht, hohe Verzinsung seiner Vorschüsse fordern müssen. Gestattet dagegen der Kunde dem Bankier die Verfügung über die verpfändeten Papiere, so kann dieser durch deren Veräußerung oder Lombardirung seinem Betriebskapitale die Beträge wieder zuführen, die er an Krediten festlegt, und demzufolge dem Kunden günstigere Bedingungen gewähren. Aehnlich verhält es sich mit der Kreditgewährung bei der Einkaufskommission. Selbst wenn der Bankier durch einen genügenden Einschuß in Verbindung mit seinem Pfandrecht am Kommissionsgute vor Verlusten gesichert ist, so hat er doch, wofern er die angeschafften Papiere dem Kunden zum Eigenthum überträgt und dadurch seiner Verfügung entzieht, den Nachtheil, daß sein Betriebskapital durch die Kreditirung des Anschaffungspreises festgelegt wird. Auch hier ist eine Abmachung, derzufolge der Kunde auf den Eigenthumserwerb an den Stücken verzichtet, so daß der Bankier durch ihre Verwerthung sein Betriebskapital wieder ergänzen kann, wirthschaftlich begründet: um so mehr, als bei solcher Abmachung dem Kunden günstigere Bedingungen gestellt werden können als bei Uebertragung des Eigenthums am Kommissionsgute.

Anders sind dagegen die Fälle zu beurtheilen, in denen ein Kunde, ohne den Kredit seines Bankiers in Anspruch zu nehmen, Werthpapiere bei ihm hinterlegt, oder in denen er, unter Entrichtung des Kaufpreises, Papiere von seinem Bankier anschaffen läßt. Abgesehen von den vereinzelten Ausnahmen, in denen ein Kunde auf ein Forderungsrecht gegenüber dem Bankier absichtlich beschränkt sein will, um die Gefahr des Eigenthums an den Papieren nicht zu tragen (s. S. 15), kann aus den wirthschaftlichen Beziehungen zwischen Kunden und Bankier für diese Fälle eine Rechtfertigung für das Verlangen des Letzteren, die Depots seinem Betriebskapital zuzuführen, nicht hergeleitet werden. Wenn dennoch dieses Bestreben öfter nicht nur vorhanden, sondern auch von Erfolg gekrönt war, so ist dies vornehmlich Unsicherheiten und Lücken der einschlägigen Gesetzesbestimmungen zuzuschreiben.

Selbst wenn beim kaufmännischen Depotgeschäft der Wille der Kontrahenten zweifellos darauf gerichtet ist, daß nicht der Bankier, sondern der Kunde Eigenthümer sein solle, so drohen dem Bankier, der dennoch über die Papiere verfügt, kaum beträchtliche Rechtsnachtheile. Besonders nicht auf civilrechtlichem Gebiete. Wenn er durch Verfügungen über die ihm in Verwahrung oder als Pfand übergebenen Papiere außer Stand ist, dem Hinterleger oder Verpfänder dieselben Stücke, die er empfangen hat, zurückzugewähren, aber gleichartige Stücke liefert, so wird auf dieses, sein rechtswidriges Verhalten ein Entschädigungsanspruch im Allgemeinen nicht gegründet werden können, weil es in Folge der Vertretbarkeit der Papiere eine Vermögensbeschädigung des Hinterlegers oder Verpfänders regelmäßig nicht veranlaßt.

Bei der mit Depot verbundenen Einkaufskommission ferner wird, wie oben dargelegt (S. 10), das Eigenthum an den für den Kommittenten beschafften Stücken von ihm erst dadurch erworben, daß der Kommissionär das constitutum possessorium vollzieht. Es besteht nun rechtlich zwar darüber kein Zweifel, daß der Kommittent aus dem Kommissionsvertrage die Eigenthumsübertragung beanspruchen kann; auch kann er nach der Rechtsprechung des Reichsgerichts die Aufgabe der Nummern der für ihn beschafften Papiere fordern (Entsch. in Civils. Bd. 5 S. 6). Da aber keine Vorschrift besteht, die dem Kommissionär die Vollziehung des constitutum possessorium unter Festsetzung einer bestimmten Frist und unter Androhung von Rechtsnachtheilen zur Pflicht macht, und der Kommittent zur Erzwingung der Besitzübertragung kein anderes Mittel hat als den langwierigen Weg der Klage, so ist es thatsächlich fast völlig von dem Kommissionär abhängig, ob er den Kommittenten zum Eigenthümer machen will. Der Rechtsnachtheil, der ihm bei Nichterfüllung dieser Pflicht droht, besteht nur darin, daß er bei einer erfolgreich durchgeführten Klage des Kommittenten in die Tragung der Prozeßkosten verurtheilt wird.

Was den strafrechtlichen Schutz des Publikums gegen rechtswidriges Verhalten von Kaufleuten gegenüber Depots an Werthpapieren betrifft, so kommt hier vornehmlich der den Thatbestand der Unterschlagung normirende § 246 des St.G.B. in Betracht. In der Begründung des Depotgesetzes ist in sehr eingehender Ausführung dargelegt, wie durch die enge Begrenzung des Unterschlagungsbegriffs mannigfache Fälle, in denen ein Bankier über Depots rechtswidrig verfügt hat, nicht darunter begriffen werden können und daher straffrei bleiben. Es ist daselbst Folgendes ausgeführt (S. 64 ff.):

> Zum Thatbestand der **Unterschlagung** (§ 246 des St.G.B.) gehört die rechtswidrige Zueignung (a) einer fremden, im Gewahrsam des Thäters befindlichen Sache (b), sowie das Bewußtsein des Thäters, daß die Sache eine fremde und die Zueignung rechtswidrig sei (c).

a) Die rechtswidrige **Zueignung** setzt die Absicht des Thäters voraus, über die in seinem

Gewahrsam befindliche fremde Sache wie über sein Eigenthum zu verfügen. Eine rechtswidrige Verfügung über die Sache, bei der die Absicht nicht auf Zueignung gerichtet ist, wird durch die Strafbestimmung des § 246 des St.G.B. nicht getroffen. Dies gilt insbesondere für den wichtigsten hier in Frage kommenden Fall der Verpfändung fremder Sachen, welche „je nach der Willensrichtung des Verpfänders als Unterschlagung, aber auch nur als unerlaubter Gebrauch sich darstellen kann" (Motive des revidirten Entwurfs zum St.G.B. S. 122).

Indem sodann die Rechtsprechung des Reichsgerichts hinsichtlich dieses Punkts erörtert wird, fährt die Begründung fort:

Aus den vorstehenden Ausführungen erhellt, daß nach dem geltenden Strafrecht die objektiv widerrechtliche Verpfändung einer fremden Sache den Thatbestand der Unterschlagung nicht erfüllt, wenn der Thäter mit der Absicht der Wiedereinlösung verpfändete und diese Absicht mit der wohlbegründeten Ueberzeugung verbunden ist, die Wiedereinlösung zu jeder Zeit bewirken zu können.

b) Der § 246 des St.G.B. fordert als Gegenstand der Unterschlagung eine fremde Sache. Während der Begriff der fremden Sache von dem Obertribunal schon in Fällen konstruirt worden ist, in denen nur ein obligatorischer Anspruch auf Herausgabe bestand, legt das Reichsgericht das entscheidende Gewicht darauf, ob derjenige, welchem die Unterschlagung zur Last gelegt wird, oder ein Dritter nach den Grundsätzen des Civilrechts Eigenthümer war.

Im Hinblick darauf, daß die Eigenthumsverhältnisse an den in Verwahrung eines Bankiers befindlichen Werthpapieren nicht überall zweifelsfrei sind, führt die vorgetragene, gewiß zutreffende Rechtsauffassung des Reichsgerichts zu einer Erschwerung der strafrechtlichen Verfolgung von Depotveruntreuungen.

c) Für den Thatbestand der Unterschlagung ist ferner das Bewußtsein des Thäters von der Rechtswidrigkeit der Zueignung erforderlich. Hierbei kommt namentlich die Frage in Betracht, inwieweit bei der objektiv rechtswidrigen Zueignung fremder vertretbarer Sachen die Absicht des Thäters, den Eigenthümer durch Rückgewährung von Sachen gleicher Art schadlos zu halten, von rechtlicher Bedeutung ist. Der Standpunkt des Reichsgerichts zu dieser Frage ist in dem Erkenntnisse vom 10. Dezember 1881 (Entsch. in Straff. Bd. 5 S. 304) dargelegt: „Die Absicht des Ersatzes dessen, was der Thäter sich zueignet, ist an sich nicht geeignet, den strafbaren Dolus zu beseitigen, bei der

Unterschlagung so wenig als bei anderen Vergehen gegen fremde Vermögensrechte, wie Diebstahl, Betrug u. s. w. Erheblich kann sie, soviel die Unterschlagung betrifft, insofern werden, als sie die Grundlage für die Ueberzeugung des Thäters war, der Eigenthümer werde, eben dieser Ersatzpflicht wegen, mit der Zueignung einverstanden sein. Die sofortige, durch bereite Mittel gewährleistete, Ausführbarkeit der Ersatzabsicht gewinnt in dem nämlichen Zusammenhange Bedeutung, indem der Thäter die Genehmigung seiner Zueignungshandlung durch den Eigenthümer ernstlich vorauszusetzen nur dann in der Lage sein wird, wenn für ihn die Möglichkeit sofortiger Ersatzleistung feststeht". Ferner Entsch. in Straff. Bd. 7 S. 351, 352: „Die mit dem Bewußtsein der — thatsächlich auch vorhandenen — Möglichkeit jederzeitiger Ersatzleistung verbundene Ersatzabsicht kann geeignet sein, das Bewußtsein von der Rechtswidrigkeit der Aneignung der fremden Sache auszuschließen, insofern durch das Vorhandensein von Absicht und Möglichkeit jederzeitiger Ersatzleistung die Annahme begründet werden kann, der Eigenthümer der Sache werde mit der unter solchen Umständen geschehenen Aneignung der Sache einverstanden sein". (Vergl. außerdem Entsch. in Straff. Bd. 14 S. 242 ff.,

Bd. 21 S. 366.) Ist auf Grund einer derartigen Feststellung die Anwendbarkeit des § 246 des St.G.B. ausgeschlossen, so bleibt der Thäter auch dann straflos, wenn er später außer Stande ist, dem Eigenthümer Ersatz zu leisten, weil es nur darauf ankommt, daß er im Augenblicke der Zueignung frei von dem Bewußtsein der Rechtswidrigkeit war, und später eingetretene Umstände, wie die Verschlechterung seiner Vermögenslage, dieses Bewußtsein nicht nachträglich zu begründen vermögen. (Entsch. in Straff. Bd. 5 S. 55.)

Bei der Rechtslage, wie sie im Vorstehenden dargestellt ist, kann es nicht Wunder nehmen, wenn sich in Bankierkreisen eine Trübung der Anschauungen über ihr Rechtsverhältniß zu den Depotkunden vollzogen hat. Die Schwierigkeit und nahezu Unmöglichkeit für die Depotkunden, einen Bankier wegen rechtswidriger Verfügung über das Depot civilrechtlich in Anspruch zu nehmen, dazu die Lückenhaftigkeit des Unterschlagungsbegriffs und besonders der Grundsatz der Strafrechtspflege, daß der Thatbestand der Unterschlagung ausgeschlossen sei, wenn der Thäter im Augenblick der Aneignung fremder vertretbarer Sachen die ernstliche Ersatzabsicht hat, und ihre Ausführbarkeit durch bereite Mittel gewährleistet ist, haben vielfach zu der Auffassung geführt, daß den Bankiers über die in ihrem Depot befindlichen Papiere ein weitgehendes Verfügungsrecht zustehe, von welchem sie unter der Voraussetzung, daß sie jeder Zeit in der Lage seien, andere Papiere derselben Art zurückzugewähren, zu Verpfändungen, im Reportgeschäft oder in anderer Weise Gebrauch machen dürfen.

Insbesondere über das mit der Einkaufskommission verbundene Depot sind irrige Auffassungen verbreitet. So hört man nach L. Goldschmidt (Börsen und Banken — Preußische Jahrbücher 1891 S. 876 ff.) nicht selten die Behauptung, daß nach der deutschen Rechtsprechung dem Kommissionär, welcher die Nummernaufgabe unterläßt, die beliebig freie Verfügung über das Kommissionsgut zustehe, daß also in der Unterlassung der Nummernaufgabe, ungeachtet der Anzeige, die eingekauften Effekten für den Kommittenten in „Depot" genommen zu haben, die stillschweigende Erklärung des Kommissionärs liege, daß der Kommittent lediglich einen persönlichen Anspruch auf ein Quantum der bezeichneten Papiere haben solle, eine Behauptung, von welcher Goldschmidt sagt, daß sie anscheinend sogar zu einem Glaubenssatze gewisser Bankierkreise geworden sei.

Von solchen irrigen Rechtsauffassungen beeinflußt, befinden sich die Bankiers meist durchaus in gutem Glauben, wenn sie die Beziehungen zu ihren Depotkunden so zu gestalten suchen, daß ihre Befugniß zur unbeschränkten Verfügung über die in Verwahrung übernommenen Werthpapiere auch formell zum Ausdruck kommt. Daß dies nicht selten gelingt, beruht theils auf der Unerfahrenheit des Publikums, theils aber auch auf einer eigenthümlichen, im Bankverkehr üblichen, dem Laien oft unverständlichen Ausdrucksweise, die geeignet ist, das Rechtsverhältniß zu verdunkeln. Namentlich finden sich bisweilen in den allgemeinen Geschäftsbedingungen, die Bankiers dem Geschäftsverkehre mit ihren Kunden zu Grunde legen und von diesen durch Unterschrift anerkennen lassen, Ausdrücke, aus denen hergeleitet wird, daß der Bankier dem Kunden gegenüber nur zur Leistung von Werthpapieren in genere verpflichtet ist. Ein großer Theil des mit Banken in Beziehung tretenden Publikums wird nicht erfahren genug sein, den Inhalt solcher Geschäftsbedingungen vollständig zu übersehen, und durch deren Annahme, ohne sich darüber klar zu sein, ein Rechtsverhältniß genehmigen, bei welchem die Aufrechterhaltung seines Eigenthums mindestens in Frage gestellt ist.

Auch bei der Einkaufskommission werden öfter Ausdrücke gebraucht, aus denen der Unerfahrene die rechtliche Natur des Geschäfts nicht mit Sicherheit erkennen kann. So wird aus der Anzeige des Bankiers an seinen Kunden, daß die in dessen Auftrage beschafften Werthpapiere ihm auf dem Effektenkonto oder dem Stückekonto gutgeschrieben seien, mancher nicht entnehmen, daß damit zum Ausdruck kommen solle, daß der Kunde lediglich einen obligatorischen Anspruch auf Lieferung von Stücken besitze.

4. Die Rechtslage bei Mitwirkung mehrerer Bankiers und ihre Mängel.

Eine weitere Verwicklung der Rechtslage und Gefährdung des Publikums entsteht dadurch, daß vielfach die Bankiers die Aufträge ihrer Kunden nicht selbst ausführen können, sondern durch einen anderen Bankier ausführen lassen müssen. Die Bankiers an kleineren Orten stehen zu diesem Zweck in ständiger Geschäftsverbindung mit Bankiers an Börsenplätzen. Die Bankiers an den kleineren Börsen, an denen ein beschränkter Verkehr mit Werthpapieren stattfindet, haben ihrerseits Beziehungen zu den Banken der Hauptbörsenplätze. Bei der Ausführung von Kommissionsgeschäften werden auf diese Weise nicht selten zwei, drei und noch mehr Bankgeschäfte betheiligt.

Nun haben die Bankiers der Hauptplätze gegenüber den Provinzialbankiers, die Bankiers der Börsenplätze gegenüber den kleinen Bankiers wegen aller Forderungen aus laufender Rechnung in Kommissionsgeschäften an dem gesammten, in ihren Besitz gelangenden Kommissionsgute ein Pfandrecht (Art. 374 des H.G.B.). Vertragsmäßig pflegt das Pfandrecht dahin erweitert zu werden, daß es sämmtliche in den Besitz des größeren Bankiers gelangende Effekten umfaßt, und daß die Effekten für alle seine Ansprüche gegen den Provinzialbankier haften. Gemäß Art. 306 des H.G.B. werden nur diejenigen Effekten von diesem Pfandrechte nicht betroffen, hinsichtlich deren der hauptstädtische Bankier nicht als redlicher Pfandgläubiger angesehen werden kann, also im Wesentlichen diejenigen, die ausdrücklich als fremde bezeichnet sind. Solche Bezeichnung als fremde wird indessen nur ausnahmsweise stattfinden. Bei den Kommissionsgeschäften, die im Verkehr der Bankiers unter einander vornehmlich in Betracht kommen, tritt der Provinzialbankier als Kommissionär seines Kunden kraft Gesetzes in eigenem Namen auf. Demzufolge unterliegen die Werthpapiere, welche er dem hauptstädtischen Bankier zum Zweck des Verkaufs, des Umtausches oder der Geltendmachung von Bezugsrechten übersendet, sämmtlich dessen Pfandrecht, ebenso die Werthpapiere, die der hauptstädtische Bankier auf Grund einer vom Provinzialbankier weitergegebenen Einkaufskommission angeschafft hat. Da der provinzielle Bankier überdies ein erklärliches Interesse daran hat, im eigenen Namen aufzutreten, weil sein Kredit bei dem hauptstädtischen Bankier mit der Zahl der diesem haftenden Pfandobjekte wächst, so ist er der Versuchung ausgesetzt, auch außer dem Falle des Kommissionsgeschäfts bei der Hingabe fremder Papiere zur Verwahrung im eigenen Namen aufzutreten.

Auf diese Weise werden die Werthpapiere des Publikums der Provinzen dem Pfandrecht der großstädtischen Bankiers zur Sicherung von Forderungen verhaftet, die diese den Provinzialbankiers gegenüber haben. Sie dienen ihnen im Falle des Konkurses der

Provinzialbankiers als Gegenstände der Befriedigung und können so dem Eigenthümer in Folge des auf dem Pfandrecht beruhenden Absonderungsrechts des hauptstädtischen Bankiers verloren gehen, ohne daß zwischen diesem und dem Eigenthümer ein Schuldverhältniß besteht.

Um die Haftbarkeit der Werthpapiere des Publikums für Forderungen, die aus dem Geschäftsverkehr der Bankiers mit einander entstehen, einzuschränken, ist in neuerer Zeit von hauptstädtischen Bankiers mehrfach die Einrichtung sogenannter Kundendepots getroffen worden, hinsichtlich deren das Pfandrecht des hauptstädtischen Bankiers auf seine Ansprüche wegen solcher Forderungen beschränkt ist, die mit Bezug auf die in das Kundendepot gelangten Werthpapiere entstanden sind. Daneben besteht dann ein Eigendepot, welches dem hauptstädtischen Bankier für alle seine Forderungen gegenüber dem Provinzialbankier haftet.

5. Zweck und Inhalt des Gesetzes.

Der Zweck des Gesetzes besteht nicht darin und kann nicht darin bestehen, dem Publikum seinen Besitz an Werthpapieren gegen alle Eventualitäten zu sichern, da ein solcher Schutz außerhalb des Bereichs der Möglichkeit liegen würde und insbesondere auch gegen Unredlichkeiten und Veruntreuungen ebensowenig gewährt werden kann, wie die bürgerliche Rechtsordnung und das Strafgesetz vor Verbrechen sichern. Was das Gesetz beabsichtigt, ist vielmehr das: das Publikum über die Tragweite seiner im Bankverkehr abgeschlossenen Geschäfte aufzuklären; den Geschäften die Rechtsform zu geben, die dem unverfälschten Willen der Parteien entspricht; zu verhindern, daß die Werthpapiere des Publikums ohne genügende wirthschaftliche Rechtfertigung als Unterlage für den Geschäftsbetrieb der Bankiers benutzt werden.

Die Bestimmungen des Gesetzes bewegen sich auf gewerbepolizeilichem, civil- und strafrechtlichem Gebiete. Das Gesetz ist vor Allem bestrebt, dafür zu sorgen, daß die Eigenthumsverhältnisse an den im Depot befindlichen Werthpapieren zu jeder Zeit und in jedem Stadium des geschäftlichen Verkehrs klarliegen. Für die Wahrung der Vermögensinteressen des Publikums ist dieser Punkt von der größten Wichtigkeit, da von der Feststellung, ob der Kunde Eigenthümer der beim Bankier im Depot befindlichen Stücke ist, es im Falle des Konkurses des Bankiers abhängt, ob jener ein Aussonderungsrecht oder nur einen persönlichen Anspruch an die Masse geltend machen kann.

Zu dem Zweck ist Folgendes bestimmt:

I. Für den Verwahrungs- und Verpfändungsvertrag — mit oder ohne Verwaltungsauftrag —

1. Der Empfänger (Verwahrer, Pfandgläubiger) ist verpflichtet,

a) die ihm übergebenen Werthpapiere unter äußerlich erkennbarer Bezeichnung des Hinterlegers oder Verpfänders gesondert von seinen eigenen Beständen und von denen Dritter aufzubewahren;

b) ein Handelsbuch zu führen, in welches die Werthpapiere jedes Hinterlegers oder Verpfänders nach Gattung, Nennwerth, Nummern oder sonstigen Unterscheidungsmerkmalen der Stücke einzutragen sind, oder worin auf Verzeichnisse Bezug zu nehmen ist, welche neben dem Handelsbuche geführt werden.

Die Vorschrift unter b) soll das Eigenthum der Depotkunden auch dann außer Zweifel stellen, wenn die gesonderte Aufbewahrung durch Unordentlichkeit, Handlungen Dritter, Zufälligkeiten aller Art, wie sie auch ohne Verschulden des Bankiers vorkommen können, beseitigt wird.*)

---

*) In der Begründung ist (S. 76) des Näheren ausgeführt, weshalb davon abgesehen worden ist, dem Verwahrer die Verpflichtung zur Uebersendung eines Stückeverzeichnisses der hinterlegten und verpfändeten Papiere an den Eigenthümer aufzuerlegen. Eine solche Verpflichtung würde sich — so heißt es daselbst — für die Banken, namentlich für den Lombardverkehr, als äußerst lästig erweisen. Da im Lombard das Unterpfand sehr häufig — bisweilen annähernd täglich — zu wechseln pflegt, so müßte entweder das Stückeverzeichniß beständig geändert werden, was die Klarheit und Uebersichtlichkeit desselben und damit der Eigenthumsverhältnisse beeinträchtigen würde, oder es würden in ganz kurzen Zwischenräumen immer neue Stückeverzeichnisse ausgestellt werden müssen, was den Banken namentlich bei gesteigertem Geschäftsgange eine fast unerträgliche Arbeitslast auferlegen würde. Erwägt man dem gegenüber, daß der Eigenthümer in den hier behandelten Fällen des einfachen Depots die Stücke fast ausnahmslos in seinem Gewahrsam hat, ehe sie in das Depot des Verwahrers gelangen, daß er also in der Lage ist, sich ein Verzeichniß derselben selbst anzufertigen, und daß er schließlich, wenn er ganz sicher gehen will, die Richtigkeit des seinerseits aufgestellten Stückeverzeichnisses durch den Bankier bestätigen lassen kann, so kann der

2. Das Gesetz stellt in Betreff dieser Geschäfte für den Verkehr des Bankiers mit dem Publikum eine Rechtsvermuthung dahin auf, daß das Eigenthum an den in Depot gegebenen Stücken bei dem Hinterleger oder Verpfänder bleiben solle. Das als irreguläres Depot bezeichnete Rechtsverhältniß, wobei der Empfänger Eigenthümer der Papiere und der Hinterleger oder Verpfänder auf einen Forderungsanspruch beschränkt wird, kann rechtsgültig nur durch eine entsprechende schriftliche und ausdrückliche, für das einzelne Geschäft abgegebene Erklärung dieses Letzteren begründet werden.

3. Der Bankier bedarf einer in dieser Form abgegebenen Ermächtigung des Kunden ferner auch, wenn er im Falle eines regulären Depots über Werthpapiere des Depotkunden zu seinem Nutzen verfügen will, während er im Interesse des Kunden Verfügungen und Verwaltungshandlungen, zu denen er berechtigt oder verpflichtet ist, ohne Weiteres vornehmen kann, selbst wenn dadurch die gesonderte Aufbewahrung der Papiere unterbrochen werden muß.

4. Für die unter 2. und 3. erwähnten Erklärungen braucht eine besondere Form nicht beobachtet zu werden, wenn der Hinterleger oder Verpfänder gewerbsmäßig Bank- oder Geldwechslergeschäfte betreibt.

Nutzen der Mittheilung von Stückeverzeichnissen durch den Verwahrer an den Verpfänder oder Hinterleger für nicht so wesentlich erachtet werden, um die aus einer solchen Vorschrift erwachsende Erschwerniß des Bankgeschäfts zu rechtfertigen.

II. Für die Einkaufs- und Umtauschkommission.

1. Der Einkaufskommissionär ist verpflichtet, dem Kommittenten binnen drei Tagen ein Verzeichniß der Stücke mit Angabe der Gattung, des Nennwerths, der Nummern oder sonstiger Unterscheidungsmerkmale zu übersenden. Die Frist beginnt, wenn der Kommissionär bei der Ausführungsanzeige einen Dritten als Verkäufer namhaft gemacht hat, mit dem Erwerb der Stücke, andernfalls mit dem Ablauf des Zeitraums, innerhalb dessen der Kommissionär nach der Erstattung der Ausführungsanzeige die Stücke bei ordnungsmäßigem Geschäftsgange ohne schuldhafte Verzögerung beziehen konnte.

2. Der Kommissionär, der einen Auftrag zum Umtausche von Werthpapieren oder zur Geltendmachung eines Bezugsrechts auf Werthpapiere ausführt, hat dem Kommittenten binnen zwei Wochen nach Empfang der neuen Stücke ein Stückeverzeichniß zu übersenden.

3. Mit der Absendung des Stückeverzeichnisses geht das Eigenthum an den Stücken auf den Kommittenten über, sofern es nicht nach den Bestimmungen des bürgerlichen Rechts bereits zu einem früheren Zeitpunkt auf ihn übergegangen ist. Vom Zeitpunkte des Eigenthumsübergangs auf den Kommittenten ab liegen dem Kommissionär hinsichtlich der in seinem Gewahrsam befindlichen Werthpapiere die Pflichten eines Verwahrers ob.

4. Die Uebersendung des Stückeverzeichnisses kann

unterbleiben, wenn die Stücke innerhalb der dafür bestimmten Frist an den Kommittenten ausgehändigt sind, oder ein Auftrag des Kommittenten zur Wiederveräußerung ausgeführt ist.*)

5. Bei der Umtauschkommission kann formlos auf das Stückeverzeichniß verzichtet werden. Bei der Einkaufskommission ist solcher formloser Verzicht nur zulässig, wenn der Kommittent gewerbsmäßig Bank- oder Geldwechslergeschäfte betreibt. Andernfalls ist der Verzicht des Kommittenten nur wirksam, wenn er bezüglich des einzelnen Auftrags ausdrücklich und schriftlich erklärt ist.

6. Für die Nichtübersendung des Stückeverzeichnisses sind bei der Einkaufs- und bei der Umtauschkommission verschiedene Rechtsnachtheile angedroht. Der Umtauschkommissionär verliert das Recht, für die Ausführung des Auftrags Provision zu fordern. Gegenüber dem Einkaufskommissionär kann der Kommittent das Geschäft als nicht für seine Rechnung geschlossen zurückweisen und Schadenersatz wegen Nichterfüllung beanspruchen. Dabei ist aber Voraussetzung, daß der Kommittent den säumigen Kommissionär auffordert, die Uebersendung des Stückeverzeichnisses nachzuholen, daß dieser der Aufforderung des Kommittenten binnen drei Tagen nicht nachkommt, und daß der Kommittent

*) Dies Letztere ist zwar nur für die Einkaufskommission vorgeschrieben, wird aber auch für die Umtauschkommission zu gelten haben.

binnen drei Tagen nach Ablauf der Nachholungsfrist dem Kommissionär erklärt, von seinem Rechte Gebrauch machen zu wollen.

Eine weitere Bestimmung des Gesetzes bezweckt, das Publikum gegen die Gefahren zu sichern, die aus der Betheiligung mehrerer Bankiers an den Bankgeschäften erwachsen (Abschnitt 4). Um dagegen Vorkehrung zu treffen, daß die in den Besitz des hauptstädtischen Bankiers gelangenden Werthpapiere der Kunden des Provinzialbankiers jenem als Pfand für seine Forderungen an den Provinzialbankier haften, verpflichtet das Gesetz den Kaufmann, der in seinem Geschäftsbetriebe fremde Werthpapiere einem Dritten zum Zweck der Aufbewahrung, der Veräußerung, des Umtausches oder des Bezuges von anderen Werthpapieren, Zins- oder Gewinnantheilscheinen ausantwortet, diesem Dritten mitzutheilen, daß die Papiere fremde seien, und den Kaufmann, der einen ihm ertheilten Auftrag zur Anschaffung von Werthpapieren an einen Dritten weitergiebt, ihm mitzutheilen, daß die Anschaffung für fremde Rechnung geschehe. Diese Mittheilung hat die rechtliche Folge, daß der Dritte an den übergebenen oder an den neu beschafften Papieren ein Pfand- oder ein Zurückbehaltungsrecht nur wegen solcher Forderungen an seinen Auftraggeber geltend machen kann, die mit Bezug auf diese Papiere entstanden sind.

Die strafrechtlichen Bestimmungen des Gesetzes

bezwecken die Sicherung der vorerwähnten gewerbepolizeilichen und civilrechtlichen Vorschriften.

Das Gesetz hat davon abgesehen, die Erfüllung der dem Verwahrer und Pfandgläubiger in Betreff der gesonderten Verwahrung und der Buchung der Depots, dem Kommissionär in Betreff der Uebersendung des Stückeverzeichnisses an den Kommittenten auferlegten Pflichten dadurch zu sichern, daß deren Nichtbeobachtung als gewerbepolizeiliches Vergehen unter Strafe gestellt werde.*) Dagegen erkennt es, indem es an die in § 209 Ziff. 3 und 4 und § 210 Ziff. 2 und 3 der Konkursordnung normirten Thatbestände anknüpft, der Verletzung der gedachten Pflichten des Verwahrers und des Kommissionärs

*) Entscheidend hierfür war die Erwägung, „daß eine gewerbepolizeiliche Strafbestimmung nur dann wirkungsvoll sein könnte, wenn die geschäftliche Thätigkeit der Banken einer regelmäßigen polizeilichen Revision unterworfen würde, wie solche in der Presse mehrfach gefordert worden ist. Die Einführung einer polizeilichen Kontrole erscheint indessen völlig unangebracht. Zunächst liegt auf der Hand, daß die Durchführung einer solchen Kontrole eine kaum zu bewältigende Aufgabe sein und daß es schwer halten würde, das für diese Aufgabe geeignete Personal zu finden.

Auch an und für sich betrachtet aber kann aus beklagenswerthen Vergehen Einzelner kein Grund entnommen werden, einen Gewerbebetrieb, welcher vorzugsweise in den Händen hochangesehener Mitglieder des Handelsstands ruht, einer mit den Grundsätzen unserer Gewerbegesetzgebung nicht vereinbarlichen und von derselben bisher nur ganz ausnahmsweise (§ 38 der G.O.) aus hier nicht zutreffenden Gesichtspunkten zugelassenen Maßregel zu unterwerfen.

Gegen eine gewerbepolizeiliche Strafbestimmung der gedachten Art spricht überdies auch der Umstand, daß eine solche von unzufriedenen Angestellten der Banken sowie von dem durch Vermögensverluste im Bank- und Börsengeschäft betroffenen Publikum nicht selten in chikanöser Weise ausgebeutet werden würde". (Begründung S. 86.)

unter der Voraussetzung strafrechtliche Bedeutung zu, daß sich daraus beim Konkurse oder der Zahlungseinstellung dieser Kaufleute eine Benachtheiligung der Depotkunden ergiebt. In diesem Sinne bestimmt der § 10 des Gesetzes, daß ein Kaufmann, welcher seine Zahlungen eingestellt hat, oder über dessen Vermögen das Konkursverfahren eröffnet worden ist, mit Gefängniß bis zu zwei Jahren zu bestrafen sei, wenn er den Vorschriften des § 1 Ziff. 1 oder 2 vorsätzlich zuwidergehandelt hat, und dadurch der Berechtigte bezüglich des Anspruchs auf Aussonderung der von Jenem zu verwahrenden Werthpapiere benachtheiligt wird, desgleichen wenn er als Kommissionär den Vorschriften wegen Uebersendung des Stückeverzeichnisses vorsätzlich zuwidergehandelt hat, und dadurch der Berechtigte bezüglich des Anspruchs auf Aussonderung der von Jenem angekauften, eingetauschten oder bezogenen Werthpapiere benachtheiligt ist.

Auch dazu hat sich der Gesetzgeber nicht verstehen können, der verschiedentlich gegebenen Anregung, Depotunterschlagungen unter Zuchthausstrafe zu stellen, völlig zu entsprechen.*) Doch ist diesem Wunsche in be-

---

*) Die Begründung läßt sich hierzu folgendermaßen aus (S. 84): In der Tagespresse ist mehrfach angeregt worden, Depotunterschlagungen unter Zuchthausstrafe zu stellen. Die gleiche Forderung erhebt der in dem Reichstag eingebrachte Antrag des Abgeordneten Dr. von Cuny (vom 20. November 1891, Drucksachen, 8. Legislaturperiode, I. Session 1890/92, Nr. 531). Für eine derartige Strafschärfung sprechen in der That verschiedene Momente. Von einem Kaufmann, welcher berufsmäßig Depotgeschäfte macht, pflegt eine besondere Vertrauenswürdigkeit erwartet zu werden. Der Mißbrauch

schränkter Weise Rechnung getragen worden, indem im § 11 des Gesetzes Zuchthausstrafe für den Fall angedroht ist, daß durch Hinzutreten des Konkurses oder der Zahlungseinstellung des Thäters die Veruntreuungen einen besonders gemeingefährlichen Charakter annehmen, und ein innerer Zusammenhang zwischen den Unterschlagungen und dem Konkurse oder der Zahlungseinstellung dadurch gegeben ist, daß der Kaufmann die Depotveruntreuungen im Bewußtsein seiner Zahlungsunfähigkeit oder Ueberschuldung begangen hat.

Das Gesetz hat sich endlich die Aufgabe gestellt, den Begriff der Unterschlagung, der sich, wie S. 20 gezeigt, als lückenhaft erwiesen hat, dadurch zu erweitern, daß auch solche rechtswidrige Verfügungen eines Kaufmanns über Depots zum eigenen Nutzen oder zum Nutzen eines Dritten, die den Thatbestand des § 246 nicht darstellen, mit Strafe bedroht werden

---

dieser Vertrauensstellung durch Veruntreuung der im Hinblick auf dieselbe anvertrauten Werthpapiere bekundet einen verbrecherischen Willen schlimmster Art. Dazu tragen Depotunterschlagungen, namentlich wenn sie in größerem Umfange stattfinden, den Charakter großer Gemeingefährlichkeit an sich, nicht allein durch die Schädigung der von der Unterschlagung Betroffenen, sondern insbesondere auch, indem sie Mißtrauen bei dem Publikum erwecken, auf Handel und Wandel lähmend einwirken und das wirthschaftliche Leben ungünstig beeinflussen.

Andererseits fällt ins Gewicht, daß die Bedrohung der Depotunterschlagungen mit Zuchthaus mit dem Strafensystem des St.G.B. nicht im Einklange stehen und zu einem Mißverhältniß nicht nur gegenüber anderen Vergehen führen würde, sondern auch gegenüber sonstigen Arten der Unterschlagung, welche, wie die Veruntreuung von Mündelgeldern, Sparkasseneinlagen und ähnliche, einen nicht minder groben Vertrauensbruch darstellen und nicht minder strafwürdig erscheinen wie Depotunterschlagungen.

(Gefängniß bis zu einem Jahre und Geldstrafe bis 3000 Mark oder eine der beiden Strafen). Den Thatbestand dieses Vergehens bildet namentlich die zum Nutzen des Verwahrers erfolgende Verpfändung von Depots oder ihre Benutzung zu Reportgeschäften ohne die gemäß § 2 zu erklärende Ermächtigung des Eigenthümers. Die gleiche Strafe ist schließlich für Denjenigen vorgesehen, welcher der Vorschrift des § 8 über die Anzeigepflicht bei Uebersendung fremder Werthpapiere zu eigenem Nutzen oder zum Nutzen eines Dritten vorsätzlich zuwiderhandelt.

II.

Gesetz

betreffend

die Pflichten der Kaufleute bei Aufbewahrung fremder Werthpapiere.

Vom 5. Juli 1896.

(R.G.Bl. S. 183 und 194.)

§. 1[1]).

Ein Kaufmann[2]), welchem im Betriebe seines Handelsgewerbes[3]) Aktien, Kuxe, Interimsscheine[4]), Erneuerungsscheine (Talons)[5]), auf den Inhaber lautende oder durch Indossament übertragbare Schuldverschreibungen[6]), oder vertretbare andere Werthpapiere mit Ausnahme von Banknoten und Papiergeld[7]) unverschlossen[8]) zur Verwahrung oder als Pfand übergeben sind, ist verpflichtet:

1. diese Werthpapiere unter äußerlich erkennbarer Bezeichnung jedes Hinterlegers oder Verpfänders gesondert von seinen eigenen Beständen und von denen Dritter aufzubewahren[9]),

2. ein Handelsbuch zu führen, in welches die Werthpapiere jedes Hinterlegers oder Verpfänders nach Gattung, Nennwerth, Nummern oder sonstigen Unterscheidungsmerkmalen der Stücke einzutragen sind; der Eintragung steht die Bezugnahme auf Verzeichnisse gleich, welche neben dem Handelsbuche geführt werden. Die Eintragung kann unterbleiben, insoweit die Werthpapiere zurückgegeben sind, bevor die Eintragung bei ordnungsmäßigem Geschäftsgange erfolgen konnte[10]).

Etwaige Rechte und Pflichten des Verwahrers oder Pfandgläubigers, im Interesse des Hinterlegers oder Verpfänders Verfügungen oder Verwaltungshandlungen vorzunehmen, werden durch die Bestimmung unter Ziff. 1 nicht berührt[11]).

Zu § 1.

[1]) § 1 handelt von den einfachen Formen des kaufmännischen Depotgeschäfts, dem Verwahrungs- und Verpfändungsvertrage, mit denen oft der Auftrag zur Verwaltung des Depots verbunden ist. (Einleitung S. 4.)

Das Gesetz beabsichtigt keine civilrechtliche Regelung dieser Rechtsgeschäfte, sondern läßt es hierin bei den geltenden Bestimmungen*) bewenden. Die Vorschriften,

---

*) Ueber die rechtliche Natur der im § 1 behandelten Geschäfte vergl. Einleitung S. 5—7. Da diese Geschäfte — wenigstens auf Seiten des Verwahrers und Pfandgläubigers — stets Handelsgeschäfte sind, so sind nach Art. 277 des H.G.B. in erster Linie dessen Vorschriften (viertes Buch) maßgebend, demnächst etwaige Handelsgebräuche und erst in deren Ermanglung die allgemeinen bürgerlichen Rechte (Art. 1 a. a. O.). Eine Darstellung der hiernach in Betracht kommenden civilrechtlichen Vorschriften liegt außerhalb des Rahmens

die es im § 1 trifft, — Verpflichtung des Verwahrers und Pfandgläubigers zu gesonderter Verwahrung und buchmäßiger Festhaltung des Depots — liegen auf gewerbepolizeilichem Gebiete, doch besteht insofern ein Zusammenhang mit civilrechtlichen Normen, als unter gewissen, auf dem Gebiete des Civilrechts liegenden Voraussetzungen von der Beobachtung dieser gewerbepolizeilichen Bestimmungen abzusehen ist.

Daraus, daß die durch § 1 für den Verwahrer und Pfandgläubiger begründeten Pflichten gewerbepolizeilicher Art, also Vorschriften des öffentlichen Rechts sind, folgt, daß sie durch Abmachungen der Parteien weder geändert noch beseitigt werden können*): ebensowenig wie etwa die Verpflichtung eines Kaufmanns zur Buchführung durch Verzicht seiner Gläubiger und Schuldner beseitigt werden könnte. Dieser Grundsatz kommt aber insoweit nicht zur Anwendung, als das Gesetz privatrechtlichen Akten ausdrücklich die Wirksamkeit beilegt, daß dadurch die Pflichten des Verwahrers und Pfandgläubigers aus § 1 aufgehoben oder eingeschränkt werden. In dieser Beziehung kommen in Betracht:

a) Verfügungen und Verwaltungshandlungen, die der Verwahrer oder Pfandgläubiger im Interesse des Hinterlegers oder Verpfänders vorzunehmen berechtigt oder verpflichtet ist — § 1 Abs. 2 — (vergl. Anm. 11 zu § 1);

b) die nach § 2 zugelassenen Ermächtigungen (vergl. § 2 und Anm. 1 daselbst).

[3]) Die im Depotgesetze behandelten Rechtsgeschäfte kommen hauptsächlich im Geschäftsbetriebe der Banken vor. Trotzdem beschränkt das Gesetz seine Wirksamkeit

---

dieser Aufgabe. Hervorgehoben sei nur, daß nach Art. 282 des H.G.B. der Verwahrer und Pfandgläubiger bei der Aufbewahrung von Werthpapieren die Sorgfalt eines ordentlichen Kaufmanns anzuwenden hat.

*) Jus publicum privatorum pactis mutari non potest.

nicht auf **Bankiers**, sondern umfaßt auch die übrigen **Kaufleute**, weil einerseits der Begriff Bankier, obschon dem Handelsgesetzbuche nicht fremd (vergl. Art. 272 Ziffer 2), darin nicht abgegrenzt ist, andererseits die hier in Frage stehenden Geschäfte auch außerhalb des Bankbetriebes im kaufmännischen Verkehr vorkommen können und vorkommen (Begründung S. 75).

Nach Artikel 4 des Handelsgesetzbuchs ist **Kaufmann** Derjenige, der gewerbsmäßig Handelsgeschäfte betreibt. Handelsgeschäfte sind

a) nach Artikel 271 des Handelsgesetzbuchs

1. der Kauf oder die anderweite Anschaffung von Waaren oder anderen beweglichen Sachen, von Staatspapieren, Aktien oder anderen für den Handelsverkehr bestimmten Werthpapieren, um dieselben weiter zu veräußern; es macht keinen Unterschied, ob die Waaren oder anderen beweglichen Sachen in Natur oder nach einer Bearbeitung oder Verarbeitung weiter veräußert werden sollen;
2. die Uebernahme einer Lieferung von Gegenständen der unter Ziffer 1 bezeichneten Art, welche der Uebernehmer zu diesem Zweck anschafft;
3. die Uebernahme einer Versicherung gegen Prämie;
4. die Uebernahme der Beförderung von Gütern oder Reisenden zur See und das Darleihen gegen Verbodmung;

b) nach Artikel 272 daselbst, unter der Voraussetzung, daß sie gewerbsmäßig betrieben werden,

1. die Uebernahme der Bearbeitung oder Verarbeitung beweglicher Sachen für Andere, wenn der Gewerbebetrieb des Uebernehmers über den Umfang des Handwerks hinausgeht;
2. die Bankier- oder Geldwechslergeschäfte;

3. die Geschäfte des Kommissionärs (Art. 360), des Spediteurs und des Frachtführers, sowie die Geschäfte der für den Transport von Personen bestimmten Anstalten;
4. die Vermittelung oder Abschließung von Handelsgeschäften für andere Personen (die amtlichen Geschäfte der Handelsmäkler sind jedoch hierin nicht einbegriffen);
5. die Verlagsgeschäfte sowie die sonstigen Geschäfte des Buch- oder Kunsthandels, ferner die Geschäfte der Druckereien, sofern nicht ihr Betrieb nur ein handwerksmäßiger ist.

Den Kaufleuten sind die Handelsgesellschaften gleichgestellt, die demnach auch den Bestimmungen des Gesetzes unterworfen sind, insbesondere auch Aktiengesellschaften und Kommanditgesellschaften auf Aktien (Art. 5 Abs. 1 des H.G.B.), ferner eingetragene Genossenschaften (Gesetz vom 1. Mai 1889 — R.G.Bl. S. 55), Gesellschaften mit beschränkter Haftung (Gesetz vom 20. April 1892 — R.G.Bl. S. 477).

Im Hinblick auf Art. 5 Abs. 2 des H.G.B., wonach die für Kaufleute geltenden Bestimmungen auch in Betreff der öffentlichen Banken in den Grenzen ihres Handelsbetriebes gelten, unbeschadet der für sie bestehenden Verordnungen, sind öffentliche Banken (Reichsbank und öffentliche Banken der Bundesstaaten, wie die Preußische Seehandlung) den Bestimmungen dieses Gesetzes nur insoweit unterworfen, als nicht hinsichtlich der hier in Betracht kommenden Geschäfte für sie besondere Bestimmungen bestehen.

Auf die sogenannten Minderkaufleute findet das Gesetz keine Anwendung. (Vergl. § 13.)

[3]) Nach Art. 274 des H.G.B. gelten die von einem Kaufmanne geschlossenen Verträge im Zweifel als zum Betriebe seines Handelsgewerbes gehörig.

[4]) Im H.G.B. sind Interimsscheine definirt als Antheilscheine, in welchen der Bezug von Aktien zugesichert wird oder welche sonst über das Antheilsrecht des Aktionärs — bezw. bei der Kommanditgesellschaft auf Aktien: des Kommanditisten — vor Ausgabe der Aktien ausgestellt werden (Art. 207, 173 a. a. O.). Solche Interimsscheine dürfen nicht auf Inhaber lauten.

[5]) Talon ist das zu einer Aktie gehörige Legitimationspapier, auf Grund dessen die Dividendenscheine ausgehändigt werden. Während der Talon nicht als Inhaberpapier angesehen wird, sondern als bloßes Legitimationspapier, ist der Dividendenschein, der auch bei Namenspapieren auf den Inhaber gestellt zu werden pflegt, ein wahres Inhaberpapier. (Vergl. Staub, H.G.B., Anm. § 15 zu Art. 216.)

[6]) Hierunter fallen die sogenannten kaufmännischen Anweisungen und Verpflichtungsscheine, welche von Kaufleuten über Leistungen von Geld oder einer Quantität vertretbarer Sachen oder Werthpapiere ausgestellt sind, ohne daß darin die Verpflichtung zur Leistung von einer Gegenleistung abhängig gemacht ist, und die durch Indossament übertragen werden können, wenn sie an Ordre lauten (Art. 301 des H.G.B.), dagegen nicht die im Art. 302 daselbst aufgeführten, ebenfalls indossablen Papiere, Konnossemente, Ladescheine u. s. w., ebensowenig Wechsel (Begründung S. 87).

[7]) Die Hingabe von Geld ist nicht in die Regelung einbezogen, weil der Wille der Parteien hierbei nicht auf die Begründung eines regulären Depots gerichtet zu sein pflegt. Das Gleiche gilt von Papiergeld, dessen Erwähnung im Gesetzestexte auf einen Beschluß der Reichstagskommission zurückzuführen ist (Komm.B. S. 2). — Auch Banknoten sind den Bestimmungen des Gesetzes nicht unterworfen. Obschon sie rechtlich kein Geld sind, auch nicht Papiergeld, sondern Anweisungen auf Geld, so ist

es doch ihre wirthschaftliche Bestimmung, an Stelle des Geldes zu treten. Demzufolge pflegt auch bei Banknoten der Wille der Betheiligten nicht auf Aufbewahrung individueller Stücke gerichtet zu sein.

[8]) Das Gesetz beschränkt sich auf sogenannte offene Depots, weil über Rechte und Pflichten des Verwahrers eines verschlossen hingegebenen Depots keine Zweifel hervorgetreten sind (Begründung S. 87).

[9]) Das Gesetz spricht eine Verpflichtung des Verwahrers und Pfandgläubigers, die in Verwahrung genommenen Werthpapiere in seinen Räumen und seinen Tresors aufzubewahren, nicht aus. Wenn nun auch aus dem Wesen des Verwahrungsvertrages, der auf dem besonderen Vertrauen des Hinterlegers zum Verwahrer beruht, im Zweifel der Wille der Parteien dahin zu folgern sein wird, daß die Aufbewahrung bei dem Verwahrer stattfinden solle*), so sind doch gegentheilige Abmachungen über die Aufbewahrung bei einem Dritten — etwa einer Sammelstelle — jedenfalls zulässig. Insoweit durch solche Abmachungen dem Verwahrer und Pfandgläubiger nicht zugleich eine Ermächtigung gewährt wird, über das Depot zu seinem Nutzen zu verfügen (§ 2 des Gesetzes), sind sie an eine bestimmte Form nicht gebunden.

[10]) Die buchmäßige Festhaltung des Depots kann nach der Bestimmung der Ziffer 2 in verschiedener Weise erfolgen:

entweder durch Führung eines Depotbuchs, in das die Werthpapiere jedes Hinterlegers oder Verpfänders nach Gattung, Nennwerth, Nummern oder sonstigen Unterscheidungsmerkmalen der Stücke eingetragen werden,

oder durch Führung eines Depotbuchs, worin nur

---

*) Nach § 691 des B.G.B. ist der Verwahrer im Zweifel nicht berechtigt, die hinterlegte Sache bei einem Dritten zu hinterlegen.

die Depotkunden ersichtlich gemacht sind, und in Betreff der Spezialisirung der Stücke auf Verzeichnisse Bezug genommen wird, die daneben geführt werden,

oder endlich durch Hinweis auf solche Verzeichnisse in dem die Konten der einzelnen Eigenthümer enthaltenden Handelsbuche, also ohne Führung eines besondern Depotbuchs.

Die neben den kaufmännischen Büchern zu führenden Verzeichnisse, in denen die Werthpapiere so spezialisirt sein müssen, daß über ihre Identität kein Zweifel entstehen kann, sind zur Erleichterung des Bankgeschäfts zugelassen: es soll dadurch den Bankiers die Möglichkeit gegeben werden, die Aufzeichnung der Nummern auf ihre Kunden abzuwälzen, indem sie die Annahme von Depots von der Beifügung von Stückeverzeichnissen abhängig machen.

Für die Führung von Depotbüchern sind die Bestimmungen des Handelsgesetzbuchs über die Führung von Handelsbüchern maßgebend: sie müssen den Anforderungen entsprechen, die im Art. 32 daselbst an die äußere Form der Handelsbücher gestellt sind und während zehn Jahre, vom Tage der letzten Eintragung an gerechnet, aufbewahrt werden.

11) Von der Bestimmung unter Ziffer 1, also nur von der Pflicht zu gesonderter Aufbewahrung, ist der Verwahrer und Pfandgläubiger insoweit entbunden, als er berechtigt oder verpflichtet ist, im Interesse des Hinterlegers oder Verpfänders an dem Depot Verfügungen oder Verwaltungshandlungen vorzunehmen.

Die Vornahme von Verwaltungshandlungen kommt in Frage, wenn mit der Hinterlegung oder der Verpfändung der Werthpapiere ein Auftrag zu ihrer Verwaltung verbunden ist. Nach dem Inhalt des Auftrags bemißt sich Recht und Pflicht zu diesen Handlungen. Insoweit danach dem Bankier Handlungen obliegen, die eine Unterbrechung der gesonderten Aufbewahrung erheischen, wie Versendung der Papiere zum Zwecke der Abstempelung (bei Konvertirungen) oder des Bezugs neuer Stücke, darf er von der Verpflichtung unter Ziffer 1 abweichen.

Aus dem Wesen des Verwahrungs- und ebenso des Verpfändungsvertrags folgt für den Verwahrer und Pfandgläubiger die Verpflichtung, um die Erhaltung und Sicherung der in seiner Verwahrung befindlichen Sache besorgt zu sein. Zu Verfügungen über die Sache, die diesem Zwecke dienen und somit im Interesse des Eigenthümers liegen, bedarf er keines besonderen Auftrags des Letzteren. Dieser Rechtsgrundsatz hat im A.L.R. in der Bestimmung Ausdruck gefunden, daß in jedem Nothfalle der Verwahrer Ort und Art der Verwahrung, wenn sie gleich im Vertrage bestimmt sind, zu verändern nicht nur befugt, sondern auch verpflichtet sei (§ 15 A.L.R. I 14) und gilt auch im Gebiete des gemeinen Rechts.*) Das Depotgesetz trägt dem Rechnung, indem es den Verwahrer und Pfandgläubiger ermächtigt, die gesonderte Aufbewahrung hinterlegter oder verpfändeter Werthpapiere insoweit zu unterbrechen, als solche im Interesse des Hinterlegers oder Pfandgläubigers liegende Verfügungen die Unterbrechung erfordern. Als Beispiel wird in der Begründung (S. 77) der Fall angezogen, daß die Hinterlegung des Depots bei einem Dritten geboten ist, um es bei Aufruhr, Feuersgefahr, Wassersnoth und ähnlichen Ereignissen zu sichern.

Die Abweichung von der Bestimmung der Ziffer 1 darf nicht weiter gehen, als sie zur Ausführung der Verwaltungshandlungen und Verfügungen nothwendig ist.

---

*) Den gleichen Zweck verfolgt § 692 des neuen B.G.B., wonach der Verwahrer berechtigt ist, die vereinbarte Art der Aufbewahrung zu ändern, wenn er den Umständen nach annehmen darf, daß der Hinterleger bei Kenntniß der Sachlage die Aenderung billigen würde.

Wenn insbesondere die Thatsachen aufhören, die die Unterbrechung der gesonderten Verwahrung veranlaßten, so ist diese alsbald wieder herzustellen.

Eine Abweichung von der Bestimmung der Ziffer 2 wird durch die im Absatz 2 erwähnten Verfügungen und Verwaltungshandlungen nicht gerechtfertigt. Der Verwahrer und Pfandgläubiger ist daher auch in Fällen, in denen nach Absatz 2 die gesonderte Aufbewahrung unterbrochen werden darf, zur buchmäßigen Festhaltung der Depots verbunden, so daß auch in solchen Fällen das Eigenthum der einzelnen Hinterleger und Verpfänder evident erhalten und dadurch nach Möglichkeit gesichert wird.

Darüber, daß der Verwahrer und Pfandgläubiger, der in Fällen des Absatz 2 in seiner Verwahrung befindliche Werthpapiere einem Dritten ausantwortet, dabei zu erklären hat, daß sie fremde seien, vergl. § 8 des Gesetzes.

§. 2[1]).

Eine Erklärung des Hinterlegers oder Verpfänders, durch welche der Verwahrer oder Pfandgläubiger ermächtigt wird, an Stelle hinterlegter oder verpfändeter Werthpapiere der im §. 1 bezeichneten Art gleichartige Werthpapiere zurückzugewähren oder über die Papiere zu seinem Nutzen zu verfügen, ist, falls der Hinterleger oder Verpfänder nicht gewerbsmäßig Bank- oder Geldwechslergeschäfte betreibt[2]), nur gültig, soweit sie für das einzelne Geschäft ausdrücklich und schriftlich abgegeben wird[3]).

Wird der Verwahrer oder Pfandgläubiger ermächtigt, an Stelle hinterlegter oder verpfändeter Werthpapiere der im §. 1 bezeichneten Art gleichartige Werthpapiere zurückzugewähren, so finden die Bestimmungen des § 1 keine Anwendung[4])[5]).

Zu § 2.

[1]) Im Regierungsentwurf hatte der § 2 folgende Fassung:

> Eine Erklärung des Hinterlegers oder Verpfänders, durch welche der Verwahrer oder Pfandgläubiger ermächtigt wird, an Stelle hinterlegter oder verpfändeter Werthpapiere der im § 1 bezeichneten Art gleichartige Werthpapiere zurückzugewähren oder über die Papiere zu seinem Nutzen zu verfügen, ist nur gültig, soweit sie für das einzelne Geschäft ausdrücklich und schriftlich abgegeben ist. In diesem Falle finden die Bestimmungen des § 1 keine Anwendung.

Diese Bestimmung behandelte ausschließlich den Fall des irregulären Depots, und ihre Bedeutung war die:

1. daß ein irreguläres Depot, d. h. das Rechtsverhältniß, wobei der Verwahrer oder Pfandgläubiger der Eigenthümer der ihm übergebenen Werthpapiere wird und der Hinterleger und Verpfänder auf einen Forderungsanspruch in genere beschränkt ist und bei dem infolgedessen dem Empfänger die Pflichten des § 1 nicht obliegen, nur durch eine für das einzelne Geschäft ausdrücklich und schriftlich abgegebene Erklärung des Hinterlegers oder Verpfänders begründet werden könne,

2. daß als solche Erklärungen die dem Empfänger ertheilten Ermächtigungen zu gelten haben, daß er an Stelle der hinterlegten oder verpfändeten Werthpapiere gleichartige zurückgewähren solle oder daß er über die Papiere zu seinem Nutzen verfügen dürfe,

3. daß der Empfänger über die hinterlegten oder verpfändeten Papiere nur dann zu seinem Nutzen verfügen dürfe, wenn ein irreguläres Depot formgerecht begründet worden ist.

Der Reichstag hat auf Grund der Beschlüsse seiner Kommission diese Bestimmung in zweifacher Hinsicht abgeändert: einerseits ist von der für die Erklärungen vorgesehenen besonderen Form abgesehen, wenn der Hinterleger oder Verpfänder gewerbsmäßig Bank- oder Geldwechslergeschäfte betreibt, andererseits wird nur an die Erklärung, daß der Empfänger ermächtigt werde, an Stelle hinterlegter oder verpfändeter Werthpapiere gleichartige Werthpapiere zurückzugewähren, im Gesetze die Folge geknüpft, daß die Bestimmungen des § 1 keine Anwendung finden, also ein irreguläres Depot begründet sei. Ueber die erste Aenderung vergl. Anm. 2 zu diesem Paragraphen. Die zweite Aenderung, die den zweiten Absatz betrifft, hat offenbar auf der Erwägung beruht, daß die Ermächtigung des Bankiers, über das Depot zu seinem Nutzen zu verfügen, nicht nothwendig so weit zu gehen brauche, daß dadurch die Erfüllung der Obliegenheiten des § 1 völlig unmöglich gemacht werde. Nach dem Kommissionsberichte (S. 4) wurde in dieser Hinsicht auf den Fall hingewiesen, daß dem Bankier die Weiterverpfändung des Depots — also eine Verfügung zu seinem Nutzen — gestattet sei, und bemerkt, daß die Verpflichtung des Bankiers aus § 1 alsdann „sinngemäß nur so lange ruhen solle, als die Verpfändung dauere".

Die dem Abs. 2 des § 2 hiernach gegebene, Gesetz gewordene Fassung ist insofern lückenhaft, als keine Bestimmung darüber getroffen ist, welche Folgen die formgerecht ertheilte Ermächtigung des Bankiers, **über das Depot zu seinem Nutzen zu verfügen,** auf die ihm nach § 1 obliegenden Verpflichtungen hat. Nach der vorstehend dargelegten Absicht, die mit der Aenderung des Regierungsentwurfs verfolgt wurde, muß angenommen werden, daß der Bankier auf Grund der Ermächtigung, über das Depot zu seinem Nutzen zu verfügen, insoweit — aber nicht weiter — von der Beobachtung der Verpflichtungen des § 1 entbunden sein soll, als der Inhalt der ihm ertheilten Ermächtigung die Erfüllung dieser Verpflichtungen hindert.

Die Ermächtigung kann nun entweder darauf abzielen, dem Bankier eine vollkommene, unbeschränkte Verfügungsbefugniß über die hinterlegten oder verpfändeten Werthpapiere einzuräumen, oder sie kann inhaltlich beschränkt sein, so daß ihm nur eine bestimmte Art der Verfügung über die Werthpapiere, etwa nur deren Weiterverpfändung — vielleicht noch mit der ferneren Einschränkung, daß sie nur für eine bestimmte Schuld erfolgen dürfe, — gestattet sein solle. In diesem letzteren Falle soll nach der oben dargelegten Absicht der neuen Fassung des § 2 der Bankier die Pflichten des Verwahrers (§ 1) insoweit erfüllen, als dies mit der ihm eingeräumten Verfügungsbefugniß vereinbar ist. Wenn beispielsweise der Hinterleger von Werthpapieren den Verwahrer formgerecht ermächtigt, die Papiere für eine bestimmte Schuld an einen Dritten zu verpfänden, so hat der Verwahrer die Papiere nach Ziffer 2 des § 1 zu buchen und sie nach Tilgung der Schuld, für die sie verpfändet worden sind, wieder in gesonderte Verwahrung zu nehmen. Es soll in solchen Fällen kein **irreguläres** Depot begründet werden, sondern ein **reguläres** Depot, bei dem der Verwahrer und Pfandgläubiger von den Pflichten des § 1 nach dem Umfange der ihm formgerecht ertheilten Ermächtigung, über die Papiere zu seinem Nutzen zu verfügen, befreit ist.

Demnach hat § 2 im Gesetze eine wesentlich andere Bedeutung als im Regierungsentwurf. Er behandelt nunmehr nicht nur das irreguläre Depot, sondern stellt auch die Voraussetzungen fest, unter denen bei regulärem

Depot der Verwahrer oder Pfandgläubiger über die in seine Verwahrung gegebenen Papiere zu seinem Nutzen verfügen darf. Sein Inhalt ist folgender:

1. Ein irreguläres Depot, für das die Bestimmungen des § 1 außer Anwendung treten, kann — abgesehen von dem Falle, daß der Hinterleger oder Verpfänder gewerbsmäßig Bank- oder Geldwechslergeschäfte betreibt, — nur durch eine entsprechende, für das einzelne Geschäft ausdrücklich und schriftlich abgegebene Erklärung des Hinterlegers oder Verpfänders begründet werden.

2. Diese Wirkung hat insbesondere die Erklärung, daß der Empfänger zur Rückgewähr gleichartiger Werthpapiere ermächtigt sein solle. Sie ist auch der Erklärung zuzuschreiben, daß der Empfänger über das Depot zu seinem Nutzen verfügen dürfe, wenn die Ermächtigung nach dem Willen der Parteien eine allgemeine und unbeschränkte sein soll.

3. Auch die Ermächtigung, in beschränkter Weise über ein Depot zu eigenem Nutzen zu verfügen, kann — abgesehen von dem unter Ziffer 1 bezeichneten Falle — nur durch eine für das einzelne Geschäft ausdrücklich und schriftlich abgegebene Erklärung des Hinterlegers oder Verpfänders begründet werden. Auf Grund solcher Ermächtigung entsteht aber kein irreguläres, sondern ein reguläres Depot, und die Pflichten des § 1 sind von dem Verwahrer und Pfandgläubiger insoweit zu erfüllen, als dies nach dem Umfange der ihm ertheilten Ermächtigung geschehen kann.

[2]) Die Einschränkung bezweckt, dem Verkehr der Banken unter einander nicht unnöthige Fesseln anzulegen. Sie beruht auf einem Beschlusse der Reichstagskommission, wobei die Verhältnisse der Bank des Berliner Kassenvereins besonders ins Gewicht fielen (Kommissionsbericht S. 3). Diese Bank hat zur Erleichterung des Großverkehrs in Werthpapieren ein Giro-Effekten-Depot ein-

gerichtet, eine Sammelstelle, wo die an diesem Verkehr betheiligten Berliner Bankhäuser ihre Werthpapiere hinterlegen. Die Aufbewahrung erfolgt nach Effekten-Gattungen (Sammeldepots); der Einlieferer begiebt sich des Rechts, bestimmte Nummern oder Abschnitte zurückzuverlangen. Die Verfügung über die Depots erfolgt mittelst Checks. Die Uebertragung von Werthpapieren von einem Konto-Inhaber auf einen andern geschieht durch Abschreibung und Zuschreibung auf ihrem Effekten-Konto. Bei dem ungeheuern Geschäftsumfange, zu dem sich diese ebenso nützliche wie zuverlässige Einrichtung entwickelt hat, ist eine Organisation, wie sie bei Erfüllung der Vorschriften des § 1 nothwendig wäre, unmöglich. Da ferner die bestehende Organisation des Kassenvereins aufs Beste funktionirt und das Publikum daran nur mittelbar betheiligt ist, indem das Giro-Effekten-Depot speziell für Berliner Bankiers bestimmt ist, so war es berechtigt, für den Verkehr dieses Instituts die Erklärungen, durch die es von der Beobachtung der Vorschriften des § 1 Abs. 1 entbunden wird, nicht an besondere Formen zu binden.

Der Beschluß der Reichstagskommission geht noch weiter, indem er Erklärungen im Sinne des § 2 allgemein formlos zuläßt, wenn der Hinterleger oder Verpfänder gewerbsmäßig Bank- oder Geldwechslergeschäfte betreibt. Man wird auch diese Erweiterung billigen können, da von Bankiers eine genügende Kenntniß der in Betracht kommenden Rechtsverhältnisse erwartet werden darf, und daher zu ihrem Schutze eine Ausnahmebestimmung, wie sie der § 2 enthält, nicht erforderlich erscheint.*)

*) In der Reichstagskommission war beantragt worden, die Ausnahme auf alle ins Handelsregister eingetragenen Kaufleute auszudehnen. Dem wurde mit Recht entgegengehalten, daß dann eine große Zahl kleiner Händler und Gewerbetreibender mit hinzukomme, für welche die Ausnahme weit weniger zulässig erscheine als für Rentner, Kapitalisten 2c.; ein wirkliches Bedürfniß zur Sonderstellung liege nur für Bankgeschäfte vor (Kommissionsbericht S. 3).

[3]) Die Vorschrift, daß die im § 2 behandelte Ermächtigungserklärung, um gültig zu sein, ausdrücklich abgegeben werden müsse, bezweckt, für den Verzicht eine klare, unzweifelhafte Ausdrucksweise zu fordern, um zu verhindern, daß aus unklaren, in ihrer Bedeutung dem Hinterleger nicht genügend zum Bewußtsein gelangten Ausdrücken in den ihm zur Anerkennung vorgelegten Schriftstücken, namentlich in sogenannten Geschäftsbedingungen, ein von demselben nicht gewollter Verzicht hergeleitet werden könne. (Begründung zu § 2 S. 87.) Es ist nicht gerade erforderlich, daß in den Erklärungen die im Gesetze angewendeten Ausdrücke gebraucht werden, doch muß aus den gebrauchten Ausdrücken der Inhalt der Ermächtigung klar hervorgehen. Eine Erklärung, die dahin lautet, daß „dem Empfänger die im § 2 des Gesetzes vorgesehenen Ermächtigungen ertheilt werden", ist nicht geeignet, den Zweck der Bestimmung des § 2 zu erfüllen und für rechtsunwirksam anzusehen.

Dem Erfordernisse der Schriftlichkeit wird auch dadurch genügt, daß ein den Wortlaut der Erklärung im Vordruck enthaltendes Formular von dem Kunden unterschrieben wird. Zu beachten ist aber, daß die Erklärung, um gültig zu sein, erkennbar für ein einzelnes Geschäft abgegeben werden muß.

Wenn der Hinterleger oder Verpfänder ein Bankier ist, so kann er dem Empfänger die im § 2 bezeichneten Ermächtigungen ertheilen, ohne an eine besondere Form gebunden zu sein, also: allgemein (auch im Wege der Unterzeichnung von Geschäftsbedingungen), mündlich und unbeschränkt in der Ausdrucksweise.

[4]) Die im § 2 behandelten Ermächtigungen können nicht nur bei der Begründung eines Depots, sondern auch nachträglich für ein bestehendes Depot ertheilt werden. Ihre Gültigkeit ist auch dann von der Beobachtung der im § 2 vorgeschriebenen Form abhängig.

Die Umwandlung eines regulären Depots in ein irreguläres kann also — insofern der Hinterleger oder Verpfänder nicht Bankier ist — gültig nur durch eine im Sinne des § 2 schriftlich und ausdrücklich abgegebene Erklärung vollzogen werden.

[5]) Unberührt durch die Bestimmungen des Gesetzes bleibt der Fall der Hingabe eines Darlehens in Werthpapieren. Dieses Rechtsgeschäft ist dem irregulären Depot nahe verwandt, indem der Empfänger bei beiden Eigenthümer der hingegebenen Papiere wird, und der Hinterleger ebenso wie der Darlehnsgeber einen Forderungsanspruch in genere besitzt.*) Begrifflich unterscheiden sich aber beide Geschäfte durch die Verschiedenheit ihrer Intention. (Windscheid, Pandekten II, § 379.) Ist daher die Absicht der Parteien auf die Begründung eines Darlehns an Werthpapieren gerichtet, so ist die Beobachtung einer besonderen Form nicht vorgeschrieben, und ebenso kann die Umwandlung eines ursprünglichen Hinterlegungsvertrags in ein Darlehn formlos vollzogen werden.

§. 3.[1])

Der Kommissionär (Artikel 360, 378 des Handelsgesetzbuchs), welcher einen Auftrag zum Einkaufe von Werthpapieren der im §. 1 bezeichneten Art ausführt, hat dem Kommittenten binnen drei Tagen ein Verzeichniß der Stücke mit Angabe der Gattung, des

*) Nach § 83 A.L.R. I 14 geht der Verwahrungsvertrag an verbrauchbaren Sachen in ein Darlehn über, sobald der Verwahrer sich der ihm ertheilten Erlaubniß zum Gebrauch der Sache zu bedienen anfängt. Auch nach dem Neuen bürgerlichen Gesetzbuche finden bei Begründung eines irregulären Depots die Vorschriften über das Darlehn, jedoch mit der Einschränkung Anwendung, daß sich Zeit und Ort der Rückgabe im Zweifel nach den Vorschriften über den Hinterlegungsvertrag bestimmen (§ 700).

Nennwerthes, der Nummern oder sonstiger Unterscheidungsmerkmale zu übersenden.[2][3]) Die Frist beginnt, falls der Kommissionär bei der Anzeige über die Ausführung des Auftrages einen Dritten als Verkäufer namhaft gemacht hat, mit dem Erwerbe der Stücke, andernfalls mit dem Ablaufe des Zeitraums, innerhalb dessen der Kommissionär nach der Erstattung der Ausführungsanzeige die Stücke bei ordnungsmäßigem Geschäftsgange ohne schuldhafte Verzögerung beziehen konnte.[4][5][6])

Ein Verzicht des Kommittenten auf die Uebersendung des Stückeverzeichnisses ist, falls der Kommittent nicht gewerbsmäßig Bank- oder Geldwechslergeschäfte betreibt, nur dann wirksam, wenn er bezüglich des einzelnen Auftrages ausdrücklich und schriftlich erklärt wird.[7][8][9])

Soweit die Auslieferung der eingekauften Stücke an den Kommittenten erfolgt oder ein Auftrag des Kommittenten zur Wiederveräußerung ausgeführt ist, kann die Uebersendung des Stückeverzeichnisses unterbleiben.[7])

Zu § 3.

[1]) Vergl. hierzu Einleitung S. 8.

Durch die für den Einkaufskommissionär begründete Pflicht zur Uebersendung eines Stückeverzeichnisses an den Kommittenten innerhalb einer dreitägigen Frist soll zweierlei erreicht werden: 1. Der Kommissionär soll, wenn er die kommissionsweise angeschafften Papiere in Depot behält, genöthigt sein, innerhalb kurzer Frist einen Rechtsakt vorzunehmen, der den Uebergang des Eigenthums der Papiere auf den Kommittenten zur Folge hat. 2. Dem Kommittenten soll die Möglichkeit gegeben werden, sein Eigenthum an den Werthpapieren in wirksamer Weise zur Geltung zu bringen, wozu in der Regel die Kenntniß der Nummern oder sonstigen Unterscheidungsmerkmale der Stücke nothwendig ist. Dieser Kenntniß bedarf er, um seine Eigenthumsansprüche gegenüber dem seine Pflichten nicht erfüllenden Kommissionär, sowie gegenüber konkurrirenden Gläubigern des Letzteren zu verfolgen. Er bedarf ihrer ferner, um die Papiere von einem unredlichen dritten Erwerber zu vindiciren, und um sie im Falle einer unrechtmäßigen Lombardirung vom redlichen Pfandgläubiger gegen Zahlung des Lombarddarlehns zurückzuerlangen. Endlich ist ihm gegenüber das kaufmännische Zurückbehaltungsrecht eines Dritten, dem der Kommissionär die Stücke übergeben hat, unwirksam, insofern er durch die Kenntniß der Nummern der Papiere im Stande ist, sein Eigenthum daran nachzuweisen.

[2]) Nach § 7 des Gesetzes bewirkt die Absendung des Stückeverzeichnisses, daß das Eigenthum an den darin verzeichneten Werthpapieren auf den Kommittenten übergeht: wofern nicht nach den Bestimmungen des bürgerlichen Rechts der Uebergang des Eigenthums schon in einem früheren Zeitpunkt eingetreten ist. Das Letztere ist zum Beispiel im Gebiete des Gemeinen Rechts regelmäßig der Fall, indem daselbst das Eigenthum an den kommissionsweise beschafften Werthpapieren durch deren bloße Spezialisirung, also jedenfalls schon durch die Aufstellung des Stückeverzeichnisses, auf den Kommittenten übergeht.*) In den Fällen, in denen der Eigenthumsübergang bei Absendung des Stückeverzeichnisses bereits

*) Vergl. Einleitung S. 11, auch in Betreff der Erfordernisse, die im Gebiete des Allgemeinen Landrechts zur Vollziehung des constitutum possessorium dienen.

erfolgt ist, hat dieses nur die Bedeutung eines Beweismittels für das Eigenthum des Kommittenten.

[3]) Bei der ersten Berathung des Gesetzes im Reichstage ist die Ansicht ausgesprochen worden*), daß das Stückeverzeichniß in einer die Bank verpflichtenden Weise unterzeichnet sein müsse. Wenn hiermit gesagt werden sollte, daß ein nicht in dieser Weise unterzeichnetes Stückeverzeichniß unwirksam sei, so ist diese Auffassung irrig. In den Fällen zunächst, in denen das Stückeverzeichniß nur die Bedeutung eines Beweismittels hat (s. oben Anm. 2), wird seine Beweiskraft durch das Fehlen der Unterzeichnung der Bank nicht beeinträchtigt, sofern es als von der Bank ausgestellt anerkannt oder nachgewiesen wird. In den Fällen aber, in denen die Absendung des Verzeichnisses den Uebergang des Eigenthums auf den Kommittenten bewirken soll, würde es mit der Absicht des Gesetzes, das Publikum zu sichern, nicht im Einklange stehen, wenn eine formale Ordnungswidrigkeit der Bank den Uebergang des Eigenthums der Papiere auf den Kommittenten zu dessen Nachtheile hinderte.

Uebrigens ist auch aus Art. 317 des Handelsgesetzbuchs zu folgern, daß es zur Gültigkeit des Stückeverzeichnisses keiner anderen Erfordernisse bedarf, als oben im § 3 ausdrücklich vorgesehen sind.

[4]) Das Gesetz unterscheidet für den Beginn der dreitägigen, für die Absendung des Stückeverzeichnisses gesetzten, Frist zwei Fälle:

a) daß der Kommissionär bei der Anzeige über die Ausführung des Auftrags einen Dritten — d. h. eine bestimmte Person oder Firma — als Verkäufer namhaft gemacht hat. Alsdann beginnt die Frist mit dem Erwerb der Stücke durch den Kommissionär. Dazu ist es nicht nothwendig, daß der Kommissionär sie körperlich

*) Vom Abgeordneten Fritzen. Stenograph. Berichte des Reichstags 1895/97, S. 231.

empfängt, sondern es genügt — was für den Fall der Betheiligung mehrerer Bankiers an der Ausführung der Kommission von Bedeutung ist —, daß der Kommissionär des Kunden (also unter Umständen ein Zwischenkommissionär) durch constitutum possessorium des von ihm mit dem Erwerb der Stücke beauftragten Kommissionärs Besitz und Eigenthum an denselben erwirbt. Die Frist für den Zwischenkommissionär, welcher einen dritten Verkäufer namhaft gemacht hat, beginnt daher in diesem Falle mit dem Empfange des ihm von dem hauptstädtischen Kommissionär übersandten Stückeverzeichnisses;

b) daß der Kommissionär bei der Ausführungsanzeige keinen Dritten als Verkäufer benannt hat, sei es, daß er erklärte, selbst als Verkäufer einzutreten, sei es, daß er eine Erklärung überhaupt nicht abgiebt*), sei es endlich, daß er erklärt, mit einem Dritten, den er aber nicht benennt, abgeschlossen zu haben. In allen diesen Fällen beginnt die dreitägige Frist mit Ablauf des Zeitraumes, innerhalb dessen der Kommissionär nach Erstattung der Anzeige über die Ausführung des Auftrages die Stücke bei ordnungsmäßigem Geschäftsgange beziehen konnte. Dieser Zeitraum ist nicht nach dem abstrakten Maßstabe eines für alle Fälle als Regel zu betrachtenden ordnungsmäßigen Geschäftsganges zu bemessen, es sind vielmehr alle die thatsächlichen Umstände dabei zu berücksichtigen, die im einzelnen Falle ohne Verschulden des Kommissionärs zu einer Verzögerung des Bezuges der ihm zu liefernden Stücke führen können. (Begründung S. 88.)

[5]) Das Stückeverzeichniß ist zu übersenden, auch wenn der Kommissionär den ihm ertheilten Auftrag auf Kauf von Werthpapieren an einer ausländischen Börse aus-

*) Wegen der Neuregelung, die das Selbsteintrittsrecht des Kommissionärs durch das am 1. Januar 1897 in Kraft tretende Börsengesetz erfährt, vergl. Einleitung S. 9.

führt: und zwar in gleicher Weise, ob er die Papiere bezieht oder im Depot des ausländischen Bankhauses beläßt. Im letzteren Falle hat der Kommissionär ebenso wie sonst, wenn er die Papiere nicht selbst bezieht, dafür zu sorgen, daß ihm das Stückeverzeichniß behufs der Uebermittelung an seinen Kommittenten zugesandt werde (vergl. Begründung S. 88).

[6]) Das Stückeverzeichniß ist ferner zu übersenden, auch wenn der Kommissionär wegen der ihm aus der Ausführung des Auftrags zustehenden Forderungen nicht befriedigt ist uud auch nicht Stundung gewährt hat. Der Regierungsentwurf enthielt für diesen Fall folgende gegentheilige Vorschrift:

§ 4.

> Soweit der Kommissionär im Falle des § 3 wegen der ihm aus der Ausführung des Auftrages zustehenden Forderungen nicht befriedigt ist und auch nicht Stundung gewährt hat, kann er die Uebersendung des Stückeverzeichnisses aussetzen, wenn er dem Kommittenten unter Beifügung einer Rechnung über den ihm noch zu zahlenden Betrag innerhalb der im § 3 bezeichneten Frist schriftlich erklärt, daß er das Verzeichniß erst nach der Zahlung dieses Betrages übersenden werde.

Diese Bestimmung fand ihre Begründung einerseits in dem allgemeinen Rechtsgrundsatze, daß bei einem zweiseitigen Vertrage die Leistung der einen Seite von der Gegenleistung der andern Seite oder der Gewährung von Stundung abhängig ist, andrerseits in der Erwägung, daß der Kommissionär, der dem Kommittenten, ohne für seine Forderungen befriedigt zu sein, das Eigenthum am Kommissionsgute überträgt, in dem ihm daran verbleibenden Pfandrechte eine genügende Sicherung seiner Ansprüche nicht besitze. Nachdem die Reichstagskommission diese Bestimmung vornehmlich aus der Besorgniß gestrichen hat, daß sich daraus endlose Streitigkeiten ergeben würden (Komm.B. S. 5), muß der Kommissionär selbst darauf Bedacht nehmen, wie er sich bei der Uebernahme von Einkaufskommissionen, ohne vorherige Deckung, vor Verlusten bewahre. Zum Mindesten wird er sich einen Einschuß in der Höhe gewähren lassen müssen, daß er dadurch in Verbindung mit dem ihm am Kommissionsgute zustehenden Pfandrechte auch bei eintretenden Kurseinbußen für seine Ansprüche gesichert ist. Da dann aber der Nachtheil für den Kommissionär bestehen bleibt, daß er einen Theil seiner Geldmittel in dem für den Kommittenten verauslagten Kaufpreise festlegt, ohne sein Betriebskapital durch Benutzung der eingekauften Papiere zur Kreditbeschaffung ergänzen zu können, und da ferner bei Kontokorrentverkehr eine Feststellung in jedem einzelnen Falle, ob der Kommissionär noch genügend gedeckt sei, thatsächlich undurchführbar ist, so werden Einkaufskommissionen auf Kredit voraussichtlich in der Regel nur ausgeführt werden, wenn der Kommittent auf die Uebertragung des Eigenthums der Werthpapiere verzichtet (Anm. 8).

[7]) Die Uebersendung des Stückeverzeichnisses darf unterbleiben,

a) insoweit die Auslieferung der eingekauften Stücke an den Kommittenten erfolgt (Abs. 3);
b) insoweit ein Auftrag des Kommittenten zur Wiederveräußerung der eingekauften Stücke ausgeführt ist (Abs. 3);
c) auf Grund eines nach Abs. 2 erklärten Verzichts des Kommittenten (Anm. 8 und 9).

[8]) Was in der Anm. 3 zu § 2 in Betreff der Form der dort behandelten Erklärungen ausgeführt ist, gilt in gleicher Weise für die Form, in der ein Verzicht auf das

Stückeverzeichniß, um rechtswirksam zu sein, erklärt werden muß. Die Erklärung des Verzichts ist an eine bestimmte Form nicht gebunden, wenn der Kommittent gewerbsmäßig Bank- und Geldwechslergeschäfte betreibt.

[9]) Das Gesetz trifft keine Bestimmung darüber, wie sich die Eigenthumsverhältnisse an den Werthpapieren gestalten, wenn auf die Uebersendung des Stückeverzeichnisses verzichtet worden ist. Da die Uebersendung des Verzeichnisses vor Allem bezweckt, den Eigenthumsübergang auf den Kommittenten zu sichern, so kann sich in dem Verzichte ohne Zweifel der Wille des Kommittenten bekunden, auf den Eigenthumserwerb zu verzichten und auf eine Forderung der Art nach bestimmter Werthpapiere aus den Beständen des Kommissionärs beschränkt zu sein. Andererseits ist es aber nicht ausgeschlossen, daß der Verzicht auf das Stückeverzeichniß nach dem Willen der Parteien eine weniger weitgehende Bedeutung habe, indem der Kommittent nur auf die in der Uebersendung des Verzeichnisses gewährte Bescheinigung seines Eigenthumserwerbs, nicht aber auf den Eigenthumserwerb selbst verzichten will. Alsdann ist der Kommissionär zwar von der Absendung des Verzeichnisses befreit, aber doch verbunden, den Kommittenten zum Eigenthümer der Papiere zu machen und zu dem Zweck das constitutum possessorium in der nach dem bürgerlichen Rechte vorgeschriebenen Form zu vollziehen.

Ob der Verzicht auf das Stückeverzeichniß einen Verzicht auf die Uebertragung des Eigenthums an den Papieren oder nur einen Verzicht auf die Bescheinigung des Eigenthumsübergangs bedeuten solle, ist im einzelnen Falle nach dem Willen der Kontrahenten zu entscheiden: wobei unter Berücksichtigung von Zweck und Entstehungsgeschichte des § 3 eine Rechtsvermuthung dafür sprechen dürfte, daß im Zweifel der Verzicht auf das Stückeverzeichniß die weitere Bedeutung des Verzichts auf die

Uebertragung des Eigenthums der Werthpapiere habe. Namentlich wird dies als Wille der Parteien angenommen werden dürfen, wenn der Kommissionär den Auftrag des Kommittenten unter Kreditgewährung ausführt.

§. 4.

Ist der Kommissionär mit Erfüllung der ihm nach den Bestimmungen des §. 3 obliegenden Verpflichtungen im Verzuge und holt er das Versäumte auf eine danach an ihn ergangene Aufforderung des Kommittenten nicht binnen drei Tagen nach, so ist der Kommittent berechtigt, das Geschäft als nicht für seine Rechnung abgeschlossen zurückzuweisen und Schadensersatz wegen Nichterfüllung zu beanspruchen.[1])

Die Aufforderung des Kommittenten verliert ihre Wirkung, wenn er dem Kommissionär nicht binnen drei Tagen nach dem Ablaufe der Nachholungsfrist erklärt, daß er von dem im Absatz 1 bezeichneten Rechte Gebrauch machen wolle.

Zu § 4.

[1]) Das im § 4 gestellte Präjudiz ist den Bestimmungen des Handelsgesetzbuchs über die Folgen des Verzugs beim Kaufe nachgebildet (Art. 354 und 356).

Das Recht des Kommittenten auf Zurückweisung des Geschäfts unter Beanspruchung von Schadensersatz ist davon abhängig, daß

1. der Kommittent den mit der Absendung des Stückeverzeichnisses säumigen Kommissionär auffordert das Verzeichniß abzusenden,

2. der Kommissionär auf diese Aufforderung die Absendung des Verzeichnisses nicht binnen drei Tagen nachholt,
3. der Kommittent dem Kommissionär binnen drei Tagen nach dem Ablaufe der Nachholungsfrist erklärt, daß er von dem ihm zustehenden Rechte Gebrauch mache.

Ist diese letztere Erklärung (Ziffer 3) nicht rechtzeitig abgegeben, so bedarf es einer erneuten Aufforderung an den Kommissionär (Ziffer 1), an die sich demnächst die gleichen Folgen knüpfen wie an die frühere Aufforderung.

§. 5.[1])

Der Kommissionär, welcher einen Auftrag zum Umtausche von Werthpapieren der im §. 1 bezeichneten Art oder zur Geltendmachung eines Bezugsrechts auf solche Werthpapiere ausführt, hat binnen zwei Wochen nach dem Empfange der neuen Stücke dem Kommittenten ein Verzeichniß der Stücke mit den im §. 3 Absatz 1 vorgeschriebenen Angaben[2]) zu übersenden, soweit er ihm die Stücke nicht innerhalb dieser Frist aushändigt.[3]) [4])

Zu § 5.

[1]) Die Bestimmungen, die für die Umtausch- 2c. Kommission getroffen sind, weichen in folgenden Punkten von der Regelung der Einkaufskommission (§§ 3 und 4) ab:
a) Die Frist zur Uebersendung des Stückeverzeichnisses ist auf zwei Wochen bemessen.
b) Die Frist beginnt stets mit dem Empfange der neuen Stücke seitens des Kommissionärs.*)

*) Ein Selbsteintritt des Kommissionärs ist bei den im § 5 behandelten Kommissionen nicht zulässig (Einleitung S. 2, 8, 9).

c) Für den Verzicht auf das Stückeverzeichniß ist keine Form vorgeschrieben, so daß im Falle des § 5 Kommittenten, auch wenn sie nicht Bankiers sind, formlos, z. B. mündlich, auf die Uebersendung des Verzeichnisses verzichten können.

d) Für den säumigen Kommissionär ist als Rechtsnachtheil der Verlust seines Rechts auf Provision angedroht (vergl. § 6).

[2]) Das zu § 3 in den Anmerkungen 1, 2, 3 und 5 Bemerkte findet hier entsprechende Anwendung.

[3]) Die Uebersendung des Verzeichnisses wird — ebenso wie bei der Einkaufskommission — auch dann unterbleiben können, wenn innerhalb der für die Uebersendung gesetzten Frist ein Auftrag des Kommittenten zur Veräußerung der neuen Stücke ausgeführt ist. Der Kommissionär wird in diesem Falle annehmen dürfen, daß der Kommittent auf die Uebersendung des für ihn durch die Veräußerung der Stücke bedeutungslos gewordenen Verzeichnisses verzichte.

[4]) Die Bestimmung des § 5 findet nur Anwendung, wenn es sich um ein Kommissionsgeschäft handelt; dagegen nicht auf Umtauschakte, bei denen der Bankier nur Vertreter des Eigenthümers in thatsächlichem Sinne ist, ohne überhaupt ein Rechtsgeschäft, geschweige denn ein solches in eigenem Namen abzuschließen. Dahin gehören der Umtausch von Interimsscheinen in die definitiven Stücke, der Umtausch beschädigter Stücke gegen neue, die Empfangnahme neuer Stücke an Stelle verloren gegangener amortisirter Stücke und ähnliche Fälle, wo ein Anschaffungsgeschäft nicht vorliegt, und kein Zweifel darüber besteht, daß der Vertreter unmittelbar für den Vertretenen den Besitz erwirbt.

§. 6.

Der Kommissionär, welcher den im §. 5 ihm auferlegten Pflichten nicht genügt, verliert das Recht, für die Ausführung des Auftrages Provision[1]) zu fordern (Artikel 371 Absatz 2 des Handelsgesetzbuchs).[2])

Zu § 6.

[1]) Ein Kaufmann, der in Ausübung seines Handelsgewerbes einem Kaufmanne oder Nichtkaufmanne Geschäfte besorgt oder Dienste leistet, kann dafür auch ohne vorherige Verabredung Provision fordern (Art. 290 des Handelsgesetzbuchs). Beim Kommissionär ist dabei Voraussetzung, daß das Geschäft zur Ausführung gekommen ist (Art. 371 Abs. 2 a. a. O).

Maßgebend für die Höhe der Provision ist der ortsübliche Satz, Mangels eines solchen im Streitfalle richterliches Ermessen.

[2]) Nach der Natur der im § 5 behandelten Geschäfte konnte der für den säumigen Einkaufskommissionär angedrohte Rechtsnachtheil — Zurückweisung des Geschäfts durch den Kommittenten unter Beanspruchung von Schadenersatz — hier nicht in Frage kommen (vergl. hierzu Begründung S. 81 und 82).

Das hier gewählte Präjudiz, Verlust des Rechts des Kommissionärs auf Provision, ist so schwach, daß davon abgesehen worden ist, sein Eintreten von einer vorhergehenden Aufforderung des Kommittenten und dem fruchtlosen Ablaufe einer Nachholungsfrist abhängig zu machen.

§. 7.

Mit der Absendung des Stückeverzeichnisses geht das Eigenthum an den darin verzeichneten Werthpapieren auf den Kommittenten über, soweit der Kommissionär über die Papiere zu verfügen berechtigt ist. Die Bestimmungen des bürgerlichen Rechts, nach welchen der Uebergang des Eigenthums schon in einem früheren Zeitpunkte eintritt, bleiben unberührt.[1])

Der Kommissionär hat bezüglich der in seinem Gewahrsam befindlichen, in das Eigenthum des Kommittenten übergegangenen Werthpapiere die im §. 1 bezeichneten Pflichten eines Verwahrers.[2])

Zu § 7.

[1]) Ueber die rechtliche Bedeutung der Uebersendung des Stückeverzeichnisses vergl. Anm. 2 zu § 3.

[2]) Für den Kommissionär entstehen die Pflichten des Verwahrers — gesonderte Aufbewahrung und buchmäßige Festhaltung der kommissionsweise beschafften Papiere — unter der doppelten Voraussetzung, daß sie

a) in das Eigenthum des Kommittenten übergegangen sind,

b) sich in seinem — des Kommissionärs — Gewahrsam befinden.

Zu a) ist daran zu erinnern, daß der Eigenthumsübergang nicht immer mit der Uebersendung des Stückeverzeichnisses zusammenfällt. Einerseits kann der Eigenthumsübergang nach den Bestimmungen des bürgerlichen Rechts bereits erfolgt sein, wenn das Stückeverzeichniß abgesandt wird (Anm. 2 zu § 3). Andrerseits kann die Eigenthumsübertragung ganz ohne Uebersendung des Verzeichnisses vor sich gehen, wenn der Kommittent in dem Sinne auf das Stückeverzeichniß verzichtet hat, daß die Eigenthumsübertragung dadurch nicht erlassen werden solle (Anm. 9 zu § 3). Maßgebend für die Erfüllung der Pflichten des Verwahrers ist in diesen Fällen ohne Rücksicht auf das Stückeverzeichniß der Zeitpunkt, in dem der Kommissionär das constitutum possessorium vollzieht.

Zu b. Im Falle der Betheiligung mehrerer Bankiers an der Ausführung der Kommission bleiben die beschafften Papiere oft bei dem hauptstädtischen Bankier in Verwahrung. Alsdann können dem Zwischenbankier, der gar nicht in den Gewahrsam der Papiere gelangt, auch nicht die Pflichten des Verwahrers auferlegt werden.

§. 8.[1])

Ein Kaufmann, welcher im Betriebe seines Handelsgewerbes fremde[4]) Werthpapiere der im §. 1 bezeichneten Art einem Dritten zum Zweck der Aufbewahrung,[2]) der Veräußerung, des Umtausches oder des Bezuges von anderen Werthpapieren, Zins- oder Gewinnantheilscheinen[3]) ausantwortet, hat hierbei dem Dritten mitzutheilen, daß die Papiere fremde[4]) seien.[5]) Ebenso hat er in dem Falle, daß er einen ihm ertheilten Auftrag zur Anschaffung solcher Werthpapiere an einen Dritten weitergiebt, diesem hierbei mitzutheilen, daß die Anschaffung für fremde[4]) Rechnung geschehe.[5])

Der Dritte, welcher eine solche Mittheilung empfangen hat, kann an den übergebenen oder an den neu beschafften Papieren ein Pfandrecht oder ein Zurückbehaltungsrecht nur wegen solcher Forderungen an seinen Auftraggeber geltend machen, welche mit Bezug auf diese Papiere entstanden sind.[6])[7])[8])

Zu § 8.

[1]) Die Nothwendigkeit der Mitwirkung mehrerer Bankiers an Depotgeschäften hat, wie im Abschnitt 4 der Einleitung gezeigt worden ist, zur Folge, daß die in den Besitz des

hauptstädtischen Bankiers gelangenden Werthpapiere der Kunden der Provinzialbankiers dem Pfand- und Zurückbehaltungsrechte des Ersteren unterworfen werden, selbst wenn sie weder in Geschäftsverbindung mit dem hauptstädtischen Bankier, noch in einem Schuldverhältnisse zu dem Provinzialbankier stehen. Solche Rechte des hauptstädtischen Bankiers können an Werthpapieren entstehen,

1. die ihm vom Privatbankier zum Zwecke der Aufbewahrung, des Umtausches oder des Bezugs anderer Werthpapiere oder
2. zum Zwecke des Verkaufs übersandt, oder
3. die von ihm auf Grund einer vom Provinzialbankier weitergegebenen Einkaufskommission angeschafft worden sind.

Der Regierungsentwurf forderte nur für die unter Ziffer 1 aufgeführten Fälle eine Mittheilung des Zwischenbankiers an den hauptstädtischen Bankier, daß die Werthpapiere fremde seien, während für die Fälle unter Ziffer 2 und 3 von einer gleichartigen Bestimmung abgesehen war: für die Verkaufskommission, weil es sich dabei regelmäßig nicht um längere Aufbewahrung handle, und das Interesse des Eigenthümers an den Papieren mit deren Veräußerung erlösche; für die Einkaufskommission, weil die Bestimmung zu erheblichen Schwierigkeiten führen würde, „sowohl bezüglich der Bestimmung des Zeitpunktes, in welchem die Beschränkung des Pfandrechts des zweiten Kommissionärs einzutreten hätte,*) als bezüglich der Gestaltung des Rechnungsverhältnisses der beiden Kom-

*) An welche Schwierigkeiten hier gedacht ist, ist nicht ersichtlich. Ueber den Zeitpunkt, zu dem ein Pfandrecht des zweiten Kommissionärs an dem Kommissionsgute rechtlich entstehen kann, waltet kein Zweifel ob: es ist das der Zeitpunkt, in dem der zweite Kommissionär dem Zwischenbankier das Eigenthum an den kommissionsweise beschafften Papieren durch constitutum possessorium überträgt. Zu diesem Zeitpunkte tritt auch die rechtliche Wirkung der Mittheilung, daß die Anschaffung für fremde Rechnung geschehe, nämlich die Beschränkung des Pfandrechts, ein.

missionäre, da für dieses die bloße Trennung in ein eigenes Konto des Provinzialbankiers und ein allgemeines Konto der sämmtlichen Kunden desselben jedenfalls nicht ausreichen würde". (Begründung S. 83.)

Die Ausdehnung der Vorschrift auf Verkaufs- und Einkaufskommission beruht auf einem Beschlusse der Reichstagskommission (Kommissionsbericht S. 6).

[2]) Eine Versendung fremder Werthpapiere zum Zwecke der Aufbewahrung kommt vornehmlich im Verfolg eines Verwahrungs- oder Verpfändungsvertrags vor. Sie kann im Interesse des Hinterlegers oder Verpfänders erfolgen und sich somit als eine Verfügung des Verwahrers oder Pfandgläubigers im Sinne des § 1 Abs. 2 darstellen (vergl. Anm. 11 zu § 1). Sie kann ferner lediglich bezwecken, die Papiere durch einen Dritten aufbewahren zu lassen (vergl. Anm. 9 zu § 1).

Nicht unter die Bestimmung des § 8 fallen Versendungen von Papieren, die ein Kaufmann unter Begründung eines irregulären Depots erhalten hat, (vergl. Anm. 5 zu diesem Paragraphen) und ebensowenig die Fälle des regulären Depots, in denen der Verwahrer und Pfandgläubiger ermächtigt worden ist, in seinem Depot befindliche Werthpapiere zu verpfänden oder zu Reportgeschäften zu benutzen (vergl. Anm. 1 zu § 2). Letzteres ergiebt sich daraus, daß das Reportgeschäft — wenigstens nach der herrschenden Ansicht — als doppelter Kaufvertrag anzusehen ist, und die Ausantwortung von Papieren auf Grund dieses Geschäfts eine Eigenthumsübertragung und nicht eine Hingabe zur Verwahrung bedeutet.

Bei der Versendung von Werthpapieren als Pfand entsteht für den Empfänger allerdings die Verpflichtung, sie aufzubewahren. Wollte man mit Rücksicht hierauf den Ausdruck „Aufbewahrung" im § 8 auch auf den Fall erstrecken, in dem ein Kaufmann fremde Papiere als

Pfand versendet, so würde die Folge sein, daß ein Bankier, der unter Beobachtung der im § 2 getroffenen Vorschriften ermächtigt ist, in seinem Depot befindliche Papiere eines Kunden zu verpfänden, durch die ihm nach § 8 obliegende Erklärung, daß die Papiere fremde seien, die Entstehung des Pfandrechts hindern und dadurch ein Rechtsverhältniß unmöglich machen würde, für dessen Begründung im § 2 besonders Vorsorge getroffen ist. Solch offenbarer Widerspruch erheischt eine Lösung, die sich ohne Zwang ergiebt, wenn unter der Ausantwortung von Papieren zum Zwecke der „Aufbewahrung" die Versendung behufs Verpfändung nicht einbegriffen wird, und die um so unbedenklicher ist, als auch im § 1 zwischen der Uebergabe zur Verwahrung und als Pfand unterschieden wird.

[3]) Eine Versendung zum Umtausche oder zum Bezuge anderer Werthpapiere kann einerseits als Ausfluß eines mit einem Verwaltungsauftrage verbundenen Depots (§ 1 Abs. 2), andererseits auf Grund einer im § 5 behandelten Kommission erfolgen.

[4]) Die Anwendbarkeit des § 8 ist davon abhängig, daß die zu versendenden Werthpapiere fremde sind, und bei der Einkaufskommission, daß die Anschaffung auf fremde Rechnung geschieht. Nach den Grundsätzen des Civilrechts ist es zu beurtheilen, ob diese Voraussetzung zutrifft. Dabei ist Folgendes zu bemerken:

a) Da bei einem irregulären Depot (§ 2) das Eigenthum an den hinterlegten oder verpfändeten Papieren auf den verwahrenden Bankier übergeht, diese Papiere also für ihn nicht fremde sind, so bedarf es bei der Weiterversendung solcher Papiere der Mittheilung des § 8 nicht.

b) Bei der Einkaufs- sowohl als bei der Verkaufskommission ist der Kommissionär im Falle des Selbsteintritts zu den im § 8 vorgesehenen Mittheilungen nicht verbunden. Bei der Verkaufskommission wird er in Folge des Selbsteintritts Eigenthümer der ihm zum kommissionsweisen Verkauf übersandten Papiere, die daher, wenn er sie zur Veräußerung weitergiebt, seine und nicht fremde sind. Für den Fall des Selbsteintritts bei der Einkaufskommission ist das Geschäft, das der Kommissionär etwa mit einem Dritten schließt, ein Deckungsgeschäft, das er für sich und auf eigene Rechnung eingeht.

5) Die Mittheilung lautet am besten allgemein dahin, daß die ausgeantworteten Werthpapiere fremde seien, und bei der Einkaufskommission, daß die Anschaffung für fremde Rechnung geschehe. Die Benennung des Eigenthümers der Papiere oder desjenigen, für dessen Rechnung sie angeschafft werden sollen, ist nicht vorgeschrieben und auch nicht empfehlenswerth: weder für den Provinzialbankier, weil er dadurch seinen Kundenkreis dem hauptstädtischen Bankier preisgeben würde, noch auch vom Standpunkte des hauptstädtischen Bankiers aus den in Anm. 7 unter Ib dargelegten Gründen.

6) Die durch § 8 begründete Verpflichtung hat die im Abs. 2 daselbst bezeichneten privatrechtlichen Folgen, liegt aber selbst als eine Vorschrift gewerbepolizeilicher Natur auf dem Gebiete des öffentlichen Rechts. Eine Befreiung davon kann in Folge dessen vertragsmäßig nicht begründet werden (vergl. Anm. 1 zu § 1).

7) Auf Grund des § 8 gestalten sich bei Mitwirkung mehrerer Bankiers an Rechtsgeschäften über Werthpapiere die rechtlichen und wirthschaftlichen Verhältnisse für die Betheiligten in folgender Weise:

I. Für den Dritten (den hauptstädtischen Bankier):

a) Er kann in Folge der Mittheilung gemäß § 8 an den übergebenen oder an den neu beschafften Papieren ein Pfandrecht oder ein Zurückbehaltungsrecht nur wegen solcher Forderungen an seinen Auftraggeber geltend machen, die mit Bezug auf diese Papiere entstanden sind. Von dieser Einschränkung wird betroffen:

1. das gesetzliche Pfandrecht, das der Kommissionär an dem in seinem Gewahrsam befindlichen Kommissionsgute wegen aller Forderungen aus laufender Rechnung in Kommissionsgeschäften nach Art. 374 des H.G.B. hat;
2. das vertragsmäßige Pfandrecht, das dem hauptstädtischen Bankier zur Sicherung aller seiner Ansprüche an den Provinzialbankier an allen in seinen Gewahrsam gelangenden Werthpapieren des Letzteren eingeräumt zu werden pflegt;
3. das Zurückbehaltungsrecht, das ein Kaufmann wegen fälliger*) Forderungen aus Handelsgeschäften an allen beweglichen Sachen und Werthpapieren des Schuldners hat, die mit dessen Willen auf Grund von Handelsgeschäften in seinen Besitz gekommen sind (vergl. Art. 313—316 des H.G.B.).

b) Der Eintritt der im Abs. 2 des § 8 bezeichneten Rechtsfolge ist davon abhängig, daß der Dritte die im Abs. 1 vorgesehene Mittheilung empfängt. Die Verantwortung dafür, daß die Mittheilung gemacht werde, liegt allein dem Zwischenbankier ob, und der Dritte ist nicht verpflichtet, bei Werthpapieren oder Aufträgen, die ihm ohne diese Mittheilung zugehen, sich darüber zu vergewissern, ob die Mittheilung zu Recht unterblieben ist. Nur dann kann eine Verletzung der Vorschrift des § 8 durch den Zwischenbankier für den Dritten nachtheilig werden, wenn er gewußt hat oder den Umständen nach

---

*) Nach Art. 314 des H.G.B. ist in den daselbst angeführten Fällen ein Zurückbehaltungsrecht auch wegen der nicht fälligen Forderungen begründet.

wissen mußte, daß es sich um fremde Werthpapiere oder einen Auftrag für fremde Rechnung handle.

Auch nachträgliche Erklärungen des Zwischenbankiers über die Werthpapiere hat der Dritte hinzunehmen, ohne verpflichtet zu sein, sie auf ihre Richtigkeit zu prüfen. Insbesondere hat die Mittheilung des Zwischenbankiers, daß die ursprünglich als fremde bezeichneten Werthpapiere nicht mehr fremde seien, zur Folge, daß nunmehr für den Dritten ein unbeschränktes Pfand- und Zurückbehaltungsrecht daran entstehen kann. Verhindert würde ein solches nur dadurch werden, daß der Dritte die Unrichtigkeit dieser Mittheilung kannte oder den Umständen nach kennen mußte. Wenn der Zwischenbankier eine bestimmte Person als Eigenthümer der Werthpapiere oder als Auftraggeber benannt hat und nachträglich mittheilt, daß die Papiere nicht mehr fremde seien, so können Zweifel entstehen, ob sich der Dritte in gutem Glauben befindet, wenn ihm nicht eine, die nachträgliche Mittheilung des Zwischenbankiers bestätigende, Erklärung des früheren Eigenthümers oder Auftraggebers vorliegt. Im Hinblick hierauf wird der hauptstädtische Bankier es vorziehen, daß ihm der Kunde des Provinzialbankiers nicht namhaft gemacht werde (vergl. oben Anm. 5).

c) Um der Bestimmung des § 8 zu genügen, wird der hauptstädtische Bankier ein besonderes Depot für Werthpapiere anlegen müssen, die ihm als fremde bezeichnet, oder die von ihm auf Grund eines Auftrags für fremde Rechnung beschafft sind. Da die diesem Depot zugeführten Werthpapiere der Beschränkung des § 8 Abs. 2 unterliegen, so sind sie nicht geeignet, für den allgemeinen Geschäftsverkehr zwischen den hauptstädtischen Bankiers und den Provinzialbankiers und insbesondere für den Kontokorrentverkehr als Kreditunterlage zu dienen. Sehr komplizirt gestalten sich die Verhältnisse, wenn bei Einkaufskommissionen, die an einen Dritten weitergegeben werden, der Kaufpreis ganz oder theilweise kreditirt werden soll, da alsdann für jedes Papier besonders festgestellt werden muß, in welchem Umfange es dem Pfandrechte des hauptstädtischen Bankiers unterworfen ist.

Um diesen Schwierigkeiten zu entgehen, haben eine Anzahl Berliner Bankgeschäfte den Ausweg gewählt, Einkaufskommissionen, bei denen ihnen die Mittheilung des § 8 wird, ohne daß gleichzeitig der volle Kaufpreis berichtigt wird, nur unter der Voraussetzung auszuführen, daß auf die Uebersendung des Stückeverzeichnisses und Vollziehung der Eigenthumsübertragung verzichtet werde. Durch diesen Verzicht werden sie davon befreit, die auf Kredit beschafften Papiere in das ihnen nur eine beschränkte Verfügung erlaubende Kundendepot zu nehmen und sind bis zur Berichtigung des Kaufpreises nur verbunden, gleichartige Papiere bereit zu halten.

II. Für den Provinzialbankier.

In Anm. 4 ist dargelegt, daß der Provinzialbankier beim irregulären Depot und bei Kommissionen, die er durch Selbsteintritt ausführt, in Anm. 2, daß er bei Weitergabe fremder Werthpapiere als Pfand oder zu Reportzwecken die Erklärung des § 8 nicht abzugeben hat.

Es bleibt noch zu untersuchen, von welchem Einflusse der dem Provinzialbankier bei der Einkaufskommission erklärte Verzicht auf das Stückeverzeichniß für seine Verpflichtung ist, bei Weitergabe der Kommission dem Dritten die Mittheilung des § 8 zu machen.

Bedeutet dieser Verzicht nur den Verzicht auf die durch das Stückeverzeichniß gewährte Bescheinigung des Eigenthumsübergangs, nicht auf den Eigenthumsübergang selbst (vergl. Anm. 2 zu § 3), so hat nach Wortlaut und Zweck des § 8 der Provinzialbankier ohne Zweifel dem Dritten die daselbst bezeichnete Erklärung abzugeben. Wenn dagegen der Kommittent durch den Verzicht auf das Stückeverzeichniß darauf verzichten will, Eigenthümer bestimmter Stücke zu werden, so mangelt einer Erklärung des Kommissionärs bei Weitergabe des Auftrags, daß es sich um einen fremden Auftrag handle, jeder Zweck. Die Absicht des § 8 nämlich, das Eigenthum des Kommittenten an den für seine Rechnung zu beschaffenden Papieren sicherzustellen, kann nicht in Frage kommen, wenn dieser nicht Eigenthümer werden, sondern auf ein Forderungsrecht angewiesen sein will. Auch könnten die Folgen der gemäß § 8 gemachten Mittheilung durch die weitere Erklärung des Zwischenbankiers, daß er die freie Verfügung über die beschafften Papiere habe, sofort beseitigt werden: eine Erklärung, die dem zwischen dem Zwischenbankier und dem Kommittenten bestehenden Rechtsverhältnisse völlig entspricht.

III. Für das Publikum.

Die Absicht des Gesetzes, das Publikum davor zu sichern, daß seine Vermögenswerthe die Unterlage für den Verkehr der Banken mit einander bilden und dadurch der Gefahr des Verlustes ausgesetzt werden, wird in den Fällen am vollkommensten erreicht, in denen ein Bankier Werthpapiere seiner Kunden lediglich zur Aufbewahrung weitergiebt. Erfüllt er dabei die Vorschrift des § 8, so ist das Eigenthum des Kunden sichergestellt, indem sich der Dritte für Forderungen an den Provinzialbankier Befriedigung daraus nicht verschaffen darf.

Bei der Versendung fremder Werthpapiere zum Zwecke des Umtausches oder des Bezuges anderer Werthpapiere genießt der Kunde denselben vollen Schutz seines Eigenthums bis zu dem Augenblicke, wo sein Eigenthum an den versandten Papieren durch Vollziehung des Umtausches oder Ausübung des Bezugsrechts erlischt, und wieder von dem Augenblick an, in dem er das Eigenthum an den neu beschafften Papieren erwirbt. In der Zwischenzeit, die bei den im § 5 behandelten Kommissionen*) so lange währt, bis der hauptstädtische Bankier das Eigenthum an den neuen Stücken durch constitutum possessorium auf den Provinzialbankier, und dieser wieder auf den Kunden übertragen hat, ist die Lage des Kunden bei eintretendem Konkurse des Zwischenbankiers folgende: Hat der hauptstädtische Bankier bei Eintritt des Konkurses des Zwischenbankiers das constitutum possessorium noch nicht vollzogen, so kann der Kunde nach Art. 368 des H.G.B. von der Konkursmasse fordern, daß der Anspruch des Provinzialbankiers auf Vollziehung des constitutum ihm abgetreten werde, und kann diesen Anspruch gegenüber dem hauptstädtischen Bankier geltend machen. Ist dagegen der Zwischenbankier bei Eintritt seines Konkurses bereits Eigenthümer der neuen Stücke geworden, ohne seinerseits das constitutum vollzogen zu haben, so fallen die Stücke der Konkursmasse zu, der gegenüber der Kunde seinen Anspruch als Konkursgläubiger verfolgen muß.

Bei der Einkaufs- und Verkaufskommission ist die für das Publikum beabsichtigte Sicherung zunächst davon abhängig, daß der Kommissionär den Auftrag nicht durch Selbsteintritt erledigt. Nach dem gegenwärtigen Rechtszustande, wonach eine Erklärung über den Selbsteintritt bei Erstattung der Ausführungsanzeige nicht abgegeben zu werden braucht, ist es dem Kommittenten oft nicht bekannt, ob bei einem Geschäfte, das der Kommissionär im Verfolge der Kommission mit einem Dritten abschließt, die Voraussetzungen des § 8 vorliegen, da dieses ebensowohl die Ausführung der Kommission, als ein Deckungsgeschäft sein kann. Hierin tritt mit dem Inkrafttreten

*) In den Fällen, in denen keine Kommission vorliegt, ist der Provinzialbankier Stellvertreter des Kunden und erwirbt für ihn unmittelbar Eigenthum, ohne daß es eines besonderen Uebertragungsaktes bedarf.

des Börsengesetzes eine Aenderung ein (s. Einleitung S. 9). In Folge der Vorschrift, daß, wenn der Kommissionär nicht bei der Ausführungsanzeige den Selbsteintritt erklärt, dies als Erklärung des Abschlusses mit einem Dritten gilt, sind die Fälle, in denen der Kommissionär zu der Mittheilung nach § 8 verbunden ist, in Zukunft erkennbar bestimmt.

Die Mittheilung des § 8 gewährt dem Kommittenten in folgendem Umfange Schutz: Bei der Verkaufskommission währt seine Sicherung so lange, bis die Veräußerung der Stücke erfolgt: was namentlich bei limitirten Aufträgen von Bedeutung werden kann. Wenn der Verkauf erfolgt, und der Kaufpreis dem Provinzialbankier gezahlt oder gutgeschrieben ist, so hat, wenn dieser nunmehr in Konkurs geht, der Kunde nur eine Forderung an die Masse. Geräth der Provinzialbankier dagegen in Konkurs, bevor der Kaufpreis mit ihm verrechnet ist, so hat der Kunde zwar einen Anspruch an die Konkursmasse auf Abtretung der Kaufgeldforderung an den hauptstädtischen Bankier: der Anspruch wird aber meist ohne Werth sein, weil der hauptstädtische Bankier seine Forderungen gegen diese Schuld aufrechnen kann.

Bei der Einkaufskommission kann eine Sicherung des Kunden für den Fall des Konkurses des Provinzialbankiers erst mit der Ausführung der Kommission in Frage kommen, da er vorher den aus der Zahlung des Kaufpreises erworbenen Anspruch nur als Konkursgläubiger verfolgen kann. Ist die Ausführung der Einkaufskommission erfolgt, so ist die Rechtslage die gleiche, wie sie oben (S. 77, 78) für die Umtauschkommission dargestellt worden ist. Hat der Dritte (der hauptstädtische Bankier) dem Zwischenbankier Eigenthum an den beschafften Stücken noch nicht übertragen, so kann der Kommittent von der Konkursmasse die Abtretung des Anspruchs auf Uebertragung des Eigenthums fordern. Hat der Dritte das Eigenthum dem Zwischenbankier, dieser es aber noch nicht dem Kommittenten übertragen, so fallen die Papiere der Konkursmasse zu, an die sich der Kommittent als Konkursgläubiger halten muß. Ist es endlich dem Kommittenten übertragen, so genießt er den vollen Schutz des Eigenthümers.

[8]) Das Gesetz läßt die Frage offen, inwieweit die Bestimmungen des § 8 in dem Falle anwendbar sind, daß der Dritte seine Niederlassung im Auslande hat. Die Beantwortung der Frage ist namentlich für die Kommissionen, die nicht selten an ausländischen Börson ausgeführt werden müssen, bedeutsam. Wenn erwogen wird, daß die in Absatz 2 bezeichneten Rechtsfolgen der vorgeschriebenen Mittheilungen durch ein deutsches Gesetz für das Ausland nicht begründet werden können, so liegt der Schluß nahe, daß es nicht die Absicht des Gesetzgebers gewesen sein könne, die Mittheilungen des § 8 für Fälle vorzuschreiben, in denen es außerhalb seiner Macht liegt, an sie die Wirkungen zu knüpfen, um derentwillen sie erfolgen sollen. Wenn hiernach anzunehmen sein dürfte, daß die Mittheilungen des § 8 nach dem Auslande nicht gemacht zu werden brauchen, so ist nicht zu verkennen, daß der mit der gedachten Vorschrift bezweckte Schutz des Publikums dadurch eine nicht unbedenkliche Lücke erhält, die durch die Mittheilungen in gewissem Umfange geschlossen werden würde. Denn wenn schon der § 8 des Depotgesetzes im Auslande der Gültigkeit entbehrt, so werden doch Mittheilungen nach Art des § 8 vielfach nach den ausländischen Rechten ähnliche Rechtsfolgen haben, wie sie im Absatz 2 a. a. O. für Deutschland vorgesehen sind.

§. 9.[1])

Wenn ein Kaufmann über Werthpapiere der im §. 1 bezeichneten Art, welche ihm zur Verwahrung oder als Pfand übergeben sind, oder welche er als Kommissionär für den Kommittenten in Besitz genommen hat,[2]) außer dem Falle des §. 246 des Strafgesetzbuchs[3]) zum eigenen Nutzen oder zum Nutzen eines Dritten rechtswidrig[4]) verfügt,[5]) wird er mit Gefängniß bis zu einem Jahre und Geldstrafe bis zu dreitausend Mark oder mit einer dieser Strafen bestraft.[6])

Der gleichen Strafe unterliegt, wer der Vorschrift des §. 8 zum eigenen Nutzen oder zum Nutzen eines Dritten vorsätzlich zuwiderhandelt.[7])

Ist der Thäter ein Angehöriger (§. 52 Absatz 2 des Strafgesetzbuchs) des Verletzten, so tritt die Verfolgung nur auf Antrag ein. Die Zurücknahme des Antrages ist zulässig. Der §. 247 Absatz 2 und 3 des Strafgesetzbuchs findet entsprechende Anwendung.[8])

Zu § 9.

[1]) Ueber die Unzulänglichkeit der früheren strafrechtlichen Bestimmungen und insbesondere des Unterschlagungsbegriffs gegenüber Depotveruntreuungen vergl. Einleitung S. 20 ff. Durch das Depotgesetz wird hierin Wandel geschaffen: theils dadurch, daß in Folge der schärferen Fixirung der Eigenthumsverhältnisse an Werthpapieren, die sich im kaufmännischen Depot befinden, die nicht selten zu einer Freisprechung führenden Zweifel, ob derartige Werthpapiere civilrechtlich fremde seien, und als solche von dem Verwahrer angesehen werden mußten, künftig kaum noch entstehen können; theils durch die Ergänzung, die der Unterschlagungsbegriff in der obigen Strafvorschrift erfährt.

[2]) Sei es auf Grund einer Einkaufskommission, sei es auf Grund eines der im § 5 bezeichneten Aufträge.

[3]) Die Anwendbarkeit des § 9 ist ausgeschlossen, wenn die zur Verfolgung gezogene Handlung den Thatbestand der Unterschlagung (§ 246 des St.G.B.) bildet. Deshalb ist insbesondere bei einer rechtswidrigen Verpfändung von Werthpapieren zu prüfen, ob diese die Merkmale einer Zueignung oder nur einer nicht als Zueignung anzusprechenden Verfügung über die Papiere an sich trägt: wovon dann die Anwendung des § 246 des St.G.B. oder der obigen Bestimmung abhängig ist.

[4]) Nicht rechtswidrig sind Verfügungen, die

a) durch das Interesse des Hinterlegers oder Verpfänders geboten (§ 1 Abs. 2 und Anm. 11 zu § 1),

b) vom Hinterleger oder Verpfänder, und zwar insoweit er nicht Bankier ist, durch ausdrückliche und schriftliche Ermächtigung zugelassen sind, (§ 2),

c) in Ausübung eines bestehenden Rechts vorgenommen werden, wie der Zwangsverkauf des Kommissionsguts oder des Faustpfandes gemäß Art. 375 und 310 des H.G.B.

[5]) Durch das Zeitwort „verfügen“ ist dem Erfordernisse der Vorsätzlichkeit Ausdruck gegeben. Der Thatbestand des § 9 liegt nur vor, wenn sich der Thäter der Rechtswidrigkeit seiner Verfügung bewußt ist. Ohne dieses Merkmal fällt eine, obschon objektiv rechtswidrige, Verfügung nicht unter die Bestimmung des § 9: so z. B. nicht, wenn der Verfügende sie mit Rücksicht auf das Interesse des Hinterlegers, Verpfänders oder Kommittenten für geboten gehalten hat.

[6]) Unter den § 9 fällt nicht die Benutzung anvertrauter Aktien zur Ausübung des Stimmrechts in der Generalversammlung: Es bewendet hierfür bei der Bestimmung des Art. 249 des H.G.B. in der Fassung des Gesetzes vom 18. Juli 1884 (R.G.Bl. S. 123), wo-

nach Derjenige, der in der Generalversammlung die Aktien eines Andern, zu dessen Vertretung er nicht befugt ist, ohne dessen Einwilligung zur Ausübung des Stimmrechts benutzt, mit Geldstrafe von 10 bis 30 Mk. für jede Aktie, jedoch nicht unter 1000 Mk., bestraft wird.

7) Der Thatbestand des Abs. 2 liegt vor, wenn in den Fällen des § 8 der die Werthpapiere oder die Einkaufskommission weitergebende Kaufmann die daselbst vorgeschriebenen Mittheilungen wissentlich zu seinem Nutzen oder zum Nutzen eines Dritten unterläßt. Das letztere Merkmal ist gegeben, wenn durch die Unterlassung der Mittheilung die Entstehung eines Pfand- oder Zurückbehaltungsrechts ermöglicht wird.

Fälle, in denen der Verwahrer oder Pfandgläubiger in seinem Gewahrsam befindliche fremde Papiere ohne die Mittheilung des § 8 weitergiebt, können neben dem Thatbestande des Abs. 2 auch den des Abs. 1 bilden, insofern in der die Entstehung von Pfand- und Zurückbehaltungsrechten ermöglichenden Weitergabe der Papiere eine rechtswidrige Verfügung zum eigenen Nutzen oder zum Nutzen eines Dritten zu erblicken ist.

Wer die Mittheilung des § 8 ordnungsgemäß gemacht hat, sie aber nachträglich, ohne dazu befugt zu sein, widerruft und dadurch die Entstehung von Pfand- und Zurückbehaltungsrechten ermöglicht (vergl. Anm. 7 I b zu § 8), wird auf Grund des Abs. 1 zur Verantwortung zu ziehen sein.

8) Der Abs. 3 trifft ähnliche Vorschriften, wie sie für den Thatbestand der Unterschlagung vorgesehen sind.

§. 10.[1])

Ein Kaufmann, welcher seine Zahlungen eingestellt hat oder über dessen Vermögen das Konkursverfahren eröffnet worden ist, wird mit Gefängniß bis zu zwei

Jahren bestraft, wenn er den Vorschriften des §. 1 Ziffer 1 oder 2 vorsätzlich zuwidergehandelt hat[2]) und dadurch der Berechtigte bezüglich des Anspruches auf Aussonderung der von jenem zu verwahrenden Werthpapiere benachtheiligt wird, desgleichen wenn er als Kommissionär den Vorschriften der §§. 3 oder 5 vorsätzlich zuwidergehandelt hat und dadurch der Berechtigte bezüglich des Anspruches auf Aussonderung der von jenem eingekauften, eingetauschten oder bezogenen Werthpapiere benachtheiligt wird.

Zu § 10.

1) Vergl. Einleitung S. 36ff.

2) Der Thatbestand des Vergehens wird schon durch die Zuwiderhandlung gegen eine der beiden in § 1 Ziffer 1 und 2 gegebenen Vorschriften erfüllt, wenn durch dieselbe eine Benachtheiligung der Berechtigten herbeigeführt worden ist (Begründung zu § 11).

§. 11.[1])

Ein Kaufmann, welcher seine Zahlungen eingestellt hat oder über dessen Vermögen das Konkursverfahren eröffnet worden ist, wird mit Zuchthaus bestraft, wenn er im Bewußtsein seiner Zahlungsunfähigkeit oder Ueberschuldung[2]) fremde Werthpapiere, welche er im Betriebe seines Handelsgewerbes als Verwahrer, Pfandgläubiger oder Kommissionär in Gewahrsam genommen, sich rechtswidrig zugeeignet hat.

Sind mildernde Umstände vorhanden, so tritt Gefängnißstrafe nicht unter drei Monaten ein.

Zu § 11.

[1]) Vergl. Einleitung S. 37 ff.

[2]) Ein ursächlicher Zusammenhang zwischen der Zueignung und der Zahlungseinstellung oder Konkurseröffnung wird bei der Vorschrift des § 11 ebensowenig vorausgesetzt, wie in den Fällen des § 209 der Konkursordnung hinsichtlich der dort vorgesehenen Bankeruttʼhandlungen. Dagegen müssen beide Thatbestandsmerkmale hier wie dort in einem zeitlichen Zusammenhange stehen, und zwar hier in der Weise, daß die zur Zeit der rechtswidrigen Zueignung bestehende Zahlungsunfähigkeit oder Ueberschuldung zu derjenigen Zahlungseinstellung oder Konkurseröffnung geführt hat, die als zweites Thatbestandsmerkmal in Betracht kommt (Begründung zu § 12).

§. 12.[1])

Die Strafvorschrift des §. 9 findet gegen die Mitglieder des Vorstandes einer Aktiengesellschaft oder eingetragenen Genossenschaft, die Geschäftsführer einer Gesellschaft mit beschränkter Haftung, sowie gegen die Liquidatoren einer Handelsgesellschaft oder eingetragenen Genossenschaft Anwendung, wenn sie in Ansehung von Werthpapieren, die sich im Besitze der Gesellschaft oder Genossenschaft befinden oder von dieser einem Dritten ausgeantwortet sind, die mit Strafe bedrohte Handlung begangen haben.

Die vorbezeichneten Personen werden, wenn die Gesellschaft oder Genossenschaft ihre Zahlungen eingestellt hat, oder wenn über deren Vermögen das Konkursverfahren eröffnet worden ist, bestraft

1. gemäß §. 10, wenn sie den Vorschriften des §. 1 Ziffer 1 oder 2 oder den Vorschriften der §§. 3 oder 5 vorsätzlich zuwidergehandelt haben und dadurch der Berechtigte bezüglich des Anspruches auf Aussonderung der von der Gesellschaft oder Genossenschaft zu verwahrenden oder von ihr eingekauften, eingetauschten oder bezogenen Werthpapiere benachtheiligt wird,

2. gemäß §. 11, wenn sie im Bewußtsein der Zahlungsunfähigkeit oder Ueberschuldung der Gesellschaft oder Genossenschaft fremde Werthpapiere, welche von dieser als Verwahrer, Pfandgläubiger oder Kommissionär in Gewahrsam genommen sind, sich rechtswidrig zugeeignet haben.

Zu § 12.

[1]) Auf die Mitglieder des Vorstandes einer Aktiengesellschaft oder eingetragenen Genossenschaft, die Geschäftsführer einer Gesellschaft mit beschränkter Haftpflicht und die Liquidatoren einer Handelsgesellschaft oder eingetragenen Genossenschaft, welche in Ansehung der in der Verwahrung der Gesellschaft oder Genossenschaft befindlichen oder von ihr angeschafften oder einem Dritten ausgeantworteten Werthpapiere eine der in den §§ 9 bis 11 mit Strafe bedrohten Handlungen begangen haben, würden die betreffenden Strafvorschriften an sich nicht Anwendung finden, da nicht der gesammte Thatbestand der fraglichen Handlungen sich in ihrer Person erfüllt. Es bedarf daher einer besonderen Vorschrift, welche — analog dem § 214 der Konkursordnung — die Strafbarkeit der Ver-

treter der bezeichneten Gesellschaften und Genossenschaften begründet.

Diesem Zweck dient der obige § 12. In den Fällen der §§ 9 und 11 kann es für die Strafbarkeit keinen Unterschied begründen, ob die rechtswidrige Verfügung oder Zueignung zum persönlichen Vortheil des Thäters verübt ist oder zum Vortheil der Gesellschaft oder Genossenschaft, für die der Thäter in seiner Eigenschaft als Gesellschafts- oder Genossenschaftsorgan gehandelt hat. In den Fällen des § 10 können überhaupt nur Handlungen der letzteren Art in Frage kommen (Begründung zu § 13).

§. 13.

Dieses Gesetz findet auf diejenigen Klassen von Kaufleuten [1]) keine Anwendung, für welche gemäß Artikel 10 des Handelsgesetzbuchs die Vorschriften über die Handelsbücher keine Geltung haben. [2]) [3])

Zu § 13.

[1]) Die sogenannten Minderkaufleute, nämlich Höker, Trödler, Hausirer und dergleichen Handelsleute von geringem Gewerbebetriebe, ferner Wirthe, gewöhnliche Fuhrleute, gewöhnliche Schiffer und Personen, deren Gewerbe nicht über den Umfang des Handwerksbetriebs hinausgeht.

[2]) Da im Depotgesetze ein Anfangstermin seiner verbindlichen Kraft nicht bestimmt ist, beginnt die Letztere nach Art. 2 der Verfassung des Deutschen Reichs vom 16. April 1871 mit dem vierzehnten Tage nach dem Ablaufe des Tages, an dem das die Verkündigung enthaltende Stück des Reichsgesetzblatts in Berlin ausgegeben worden ist. Es kann zweifelhaft sein, ob der Lauf dieser Frist für das Depotgesetz mit der Ausgabe des Stückes 19 des

R.G.Bl., worin das Gesetz, oder des Stückes 20, worin die Berichtigung des Gesetzestextes abgedruckt ist, begonnen hat, und ob demzufolge das Depotgesetz am 30. Juli oder am 6. August in Kraft getreten ist. Bei der geringen praktischen Bedeutung dieser Frage kann auf ihre Erörterung verzichtet werden.*)

[3]) In Betreff der Anwendbarkeit der Bestimmungen des Depotgesetzes auf Rechtsverhältnisse, die zur Zeit seines Inkrafttretens bereits bestanden, ist Folgendes zu bemerken.

Der Verwahrer und Pfandgläubiger hat nach Wortlaut und Absicht des § 1 die daselbst bezeichneten gewerbepolizeilichen Verpflichtungen (gesonderte Aufbewahrung und buchmäßige Festhaltung der Depots) auch für Werthpapiere zu erfüllen, die ihm vor Inkrafttreten des Gesetzes zur Verwahrung oder als Pfand übergeben worden sind.

§ 2 hat insofern keine rückwirkende Kraft, als Rechtsverhältnisse der daselbst behandelten Art, die vor Inkrafttreten des Gesetzes begründet sind, rechtsgültig bleiben, auch wenn die Ermächtigungen nicht in der im § 2 bezeichneten Form erklärt worden sind. Ein vorher formlos begründetes irreguläres Depot, eine dem Verwahrer formlos ertheilte Ermächtigung zur Verfügung über ein Depot bleiben rechtswirksam. Das bezieht sich aber nur auf bestimmte Geschäfte, die vor Inkrafttreten des Gesetzes bereits perfekt geworden sind. Allgemeine Abmachungen, etwa in der Form von Geschäftsbedingungen, wonach alle dem Verwahrer auch künftig zugehenden Papiere eines Kunden in sein Eigenthum übergehen oder seiner Verfügung unterworfen sein sollen, sind für Depots, die erst

*) Auch die Erörterung der staatsrechtlichen Frage, ob die Verkündigung des Depotgesetzes in rechtsverbindlicher Weise erfolgt ist, fällt aus dem Rahmen dieser Arbeit heraus.

nach Inkrafttreten des Gesetzes entstehen, nicht mehr wirksam.*)

Die Verpflichtung des Kommissionärs zur Uebersendung von Stückeverzeichnissen (§§ 3—7) besteht nur für Kommissionen, die nach Inkrafttreten des Gesetzes ausgeführt sind. Eine nachträgliche Uebersendung von Stückeverzeichnissen für vorher ausgeführte Kommissionen ist auch dann nicht erforderlich, wenn die Papiere im Gewahrsam des Kommissionärs geblieben sind. Dagegen hat der Kommissionär in diesem Falle die im § 1 bezeichneten Pflichten eines Verwahrers, indem § 7 Abs. 2 in demselbem Umfange wie § 1 rückwirkende Kraft hat.

§ 8 hat keine rückwirkende Kraft. Pfandrechte und Zurückbehaltungsrechte, die vor Inkrafttreten des Gesetzes in rechtsgültiger Weise entstanden sind, werden durch die Bestimmungen des § 8 nicht unwirksam.

Daß die Strafbestimmungen des Depotgesetzes (§§ 9—12) keine rückwirkende Kraft haben, folgt aus § 2 des D.St.G.B., wonach eine Handlung nur dann mit Strafe belegt werden kann, wenn diese Strafe gesetzlich bestimmt war, bevor die Handlung begangen wurde.

---

*) Außer in dem Falle, daß der Hinterleger oder Pfandgläubiger Bankier ist.

III.

Sachregister.

(Die Zahlen bedeuten die Seiten.)

Druck der Norddeutschen Buchdruckerei, Berlin, Wilhelmstr. 32.

FSC
www.fsc.org
MIX
Papier | Fördert gute Waldnutzung
FSC® C083411

Kolibri 360 GmbH
Ferdinand-Jühlke-Straße 7
99095 Erfurt, Deutschland
produktsicherheit@kolibri360.de